브랜드 심리학자, 메타버스를 생각하다

브랜드 심리학자,
메타버스를 생각하다

김지헌 지음

Rethinking
Metaverse

일러두기

1. 책의 가독성을 높이고자 논문에서 분석 결과로 제시한 통계적 표현은 의도적으로 최소화하였다.

2. 책의 직접적 내용 전개와는 다소 관련성이 낮지만, 보다 깊이 있는 내용을 원하는 독자를 위해 120건이 넘는 각주를 작성하는 데 매우 많은 노력을 하였다. 단순한 출처를 밝힌 내용 이외에 각주는 인사이트를 줄 수 있으므로 가급적 함께 읽어보길 권한다.

3. 본 책에 삽입된 그림과 일러스트 가운데 일부는 저작권 문제를 고려하여 논문 이해도를 해치지 않는 범위 내에서 다시 제작되었다.

4. 해외 연구 결과를 소개하는 과정에서 정확한 정보가 소실되는 것을 방지하고자 한국어로 번역하지 않고 외국어 표현을 그대로 사용한 것에 양해를 구한다.

우리는 어떻게 고래의 퍼즐을 맞출 것인가

최근 메타버스 가상세계를 향한 관심이 뜨겁다. 작고하신 이어령 교수는 메타버스를 인류가 타는 마지막 버스라 표현했다. '마지막'이라는 말이 주는 무게감 때문인지 놓치면 생존이 위태로운 설국열차처럼, 어떻게든 버스의 꽁무니라도 뒤쫓으려는 모습이 주변에서 자주 목격된다. 서점가에는 메타버스, NFT 등 가상세계와 관련된 책이 쏟아지고, 변화에 뒤처져 또다시 나만 소외될지도 모른다는 두려움 Fear Of Missing Out Again; FOMOA 을 느낀 개인뿐 아니라 여러 기업과 공공기관이 앞다퉈 새로운 변화에 대응해 '뭔가를' 하려고 준비하는 모습이다. 그런데 문제는 메타버스에 진심인 몇몇 기업(엔비디아, 메타 등)을 제외하면 대부분 무엇을 어떻게 준비해야 하는지 잘 모른다는 데 있다.

가상현실은 현실이 될 수 있을까

페이스북에서 사명을 바꾼 메타 Meta 는 메타버스를 "서로 다른 물리적 공간에 있는 사람들이 함께 만들고 탐색할 수 있는 가상공간의 집합체"라고 정의한다. 이는 메타버스란 하나가 아닌 여러 디지털 공간이 모여서 만들어진 거대한 우주를 의미한다는 뜻이다. 디지털 세계의 작은 점으로 표현되는 개개인이 모여 선을 이루고 선들이 만나 면이 될 때, 다양한 공간을 구성할 수 있는 확장성은 우주만큼 무한대로 커진다. 사실 이 거대한 우주의 변화를 예측하고 준비하기란 결코 쉬운 일이 아니다. 따라서 어쩌면 아마존 창업자인 제프 베이조스 Jeffrey Bezos 의 말처럼 "미래의 변화를 준비하는 것보다 내가 직접 만들어가는 것이 더 나은 선택"인지도 모른다.

　최근에는 2018년 개봉된 영화 〈레디 플레이어 원〉과 같이 현실과 가상의 경계가 완전히 무너진 메타버스가 가능한지 논란이 뜨겁다. 하지만 이미 'VR챗'과 같은 플랫폼을 이용하면 가상현실에서 전 세계의 다양한 사람을 만나 함께 얘기를 나누고, 맥주를 마시며, 침대에 누워 잠을 청하는 등 완전 몰입형 가상현실 immersive virtual reality 을 체험할 수 있다. 다만 HMD Head Mount Display*와 같

---

*　VR 체험을 할 때 사용자가 머리에 장착하는 기기로, 외부와 차단된 사용자의 시야에 가상세계를 보여준다.

은 VR 기기가 필요치 않은 제페토Zepeto, 로블록스Roblox, 게더타운Gather town 등 비몰입형 가상현실non-immersive virtual reality 중심의 플랫폼에 비해 참여자 수가 극히 제한적이고 대중화되지 못했을 뿐이다. 그렇다면 VR 기기만 빠르게 보급되면 우리가 꿈꾸는 가상현실이 정말 실현되는 것일까?

사실 VR 기기 대중화는 가격 부담으로 적지 않은 시간이 필요할 것으로 보인다. 물론 시간이 지남에 따라 수요가 증가하고 경쟁이 심화될수록 저렴한 제품이 늘어날 테고, 빠른 확산이 가능하리라 기대해볼 수 있다. 하지만 좀 더 실재감presence 높은 가상현실을 경험하고자 하는 소비자 욕구도 함께 증가하여 더 많은 기능이 요구되고, 착용해야 할 VR 기기의 수가 늘어나 오히려 구매 부담이 증가할 가능성도 있다. 실제로 2023년까지 가장 많이 판매된 HMD인 오큘러스 퀘스트 2Oculus Quest 2는 2020년 20만 원대 후반의 저렴한 가격에 출시되어 VR 기기의 보급에 기대감을 높였다. 하지만 저장 용량을 늘리고 기능이 추가되면서 40만 원대로 가격이 올랐고, 2022년 가을 메타가 새롭게 출시한 MRMixed Reality(혼합현실) 기기인 메타 퀘스트 프로Meta Quest Pro는 219만 원(2023년 1월 16일 기준)에 판매되고 있다.* 또한 전문가들은 2023년 6

---

* 소니SONY도 2016년 PlayStation(PS) VR 기기를 처음 출시한 후, 7년이 지난 2023년 여러 감각 인식 기능을 추가한 PS VR 2를 출시하였으며 가격은 한화로 80만 원 수준이다. 2024년에는 VR 기기 시장이 90조 원까지 성장할 것이라는 낙관적인 예측도 나온다.

월 출시로 예상되는 애플의 XR Extended Reality (확장현실) 기기 가격이 3,000달러(한화 약 390만 원)를 넘길 것으로 추측한다. 물론 현재 200만 원에 가까운 고가의 스마트폰도 수요가 많다는 점을 근거로 가격 저항이 크지 않으리라 주장할 수도 있겠지만, VR 기기가 스마트폰을 완전히 대체하지 못하는 상황에서 추가 구매가 필요하다면 예상외로 가격 저항은 만만치 않을 수 있다.*

거대한 고래를 보기 위해 필요한 것들

만약 누군가 나에게 몰입형 가상세계의 대중화가 가능할지 묻는다면 "글쎄, 확신할 수는 없지만 모두가 가상세계의 가치를 믿는다면 생각보다 빨리 올 수 있다"고 답하겠다. 나는 세상의 변화는 기기의 발전과 보급보다 개인의 믿음과 참여에서 시작된다고 믿는다. 아무리 저렴하고 성능 좋은 VR 기기들이 출시되어도 개인이 가상세계가 제공하는 경험의 가치를 믿고 느끼지 못한다면 메타버스는 지구 반대편에 있는 아프리카 부족의 얘기와 다를 바 없다.

---

* VR 기기가 스마트폰을 대체할 수 있는지 여부는 소비자의 구매 의사결정에 매우 중요한 기준이 될 수 있으며, 스마트폰 생태계에서 독보적 경쟁력을 가진 애플과 같은 기업과 경쟁할 수 있는 새로운 기회가 될 수 있다. 페이스북이 메타meta로 사명을 바꾸면서까지 메타버스에 사활을 거는 이유이기도 하다.

메타버스 가상세계는 어쩌면 멀리서 보지 않으면 완전한 모습을 이해하기 힘든 거대한 고래와 같다. 누군가는 꼬리, 다른 누군가는 머리, 또 다른 누군가는 입 부분만을 만지며 메타버스가 무엇인지 이해했다고 믿고 그 운명을 예측하려 하지만 사실상 이는 불가능하다. 다시 말해 우리가 완전한 고래의 모습을 객관적으로 보지 못하는 이유는 사람마다 만지고 싶고, 만질 수 있는 고래의 부위가 다르기 때문이다. 메타버스 가상세계를 온전히 이해하려면 서로 다른 사람이 다른 관점에서 바라본 고래의 여러 부위를 조합해서 퍼즐을 완성해야 한다.

오늘날 메타버스 논의는 주로 데이터, 네트워크, 인공지능 분야의 기술 발전, 그리고 가상현실을 비즈니스 모델에 적용해 돈을 버는 방법에 초점을 두는 경향이 있다. 이와 달리 나는 소비자 심리를 전공한 사람으로서 인간이 가상세계의 여러 자극을 감각기관(눈, 코, 귀, 혀, 피부)을 통해 어떻게 받아들이며, 또 어떻게 처리하여 반응하는지에 관심이 많다. 인간은 이러한 정보 처리 과정과 반응을 거쳐 가상세계에서의 경험 가치를 평가하기 때문이다. 이 책은 이러한 심리학 관점에서 인간이 가상공간에서의 다양한 자극에 어떻게 반응하는지를 이해하는 데 도움이 되는 다음과 같은 아홉 가지 주제를 다루고자 한다.

어떤 가상공간이 사람의 마음을 사로잡는가

한번 기획하고 설계한 공간을 쉽게 변경할 수 없는 현실세계와 달리, 가상세계에서는 상황에 맞도록 유연하게 공간 디자인에 변화를 줄 수 있다. 이는 공간의 형태(2장)와 배치(3장)가 인간의 사고와 행동에 미치는 영향을 이해하고 이를 가상공간 디자인에 적용한다면, 목적이나 문제 해결에 보다 부합하는 효과적인 공간을 창조할 수 있음을 의미한다. 예를 들어, 창의적 아이디어가 필요한 회의 공간은 천장을 높게 만들고, 집중력이 요구되는 회의 공간은 천장을 낮게 만드는 식이다. 또 개인의 독특함을 발휘하기보다는 다수의 의견을 수용해야 하는 의제를 논의할 때에는 각진 형태보다는 원형으로 둥글게 앉아서 대화를 나누게 함으로써 사회적 소속감에 대한 욕구를 자극할 수 있을 것이다.

다음으로 소비자의 브랜드 평가와 쇼핑 행동이 가상세계와 현실세계에서 차이가 있는지 살펴본다(4장). 예를 들어 기존 온/오프라인 쇼핑 매장에서의 행동과 가상스토어virtual store에서의 행동은 어떤 점에서 유사하고 또 어떤 점에서 다를까? 가상스토어를 준비하는 리테일 기업에는 중요한 질문이다. 한편, 명품 브랜드가 가상공간에서 판매하는 저가의 아이템이 기존 명품 고객에게 미치는 영향은 없을까? 오프라인에서 충성 고객을 지닌 명품 브랜드가 가상현실에서 저가의 아바타용 제품 출시를 기획하고 있다면 반드시 고민해보아야 할 지점이다.

코로나19 덕분(?)에 많은 사람이 줌 ZOOM , 웹엑스 Webex 같은 화상회의 플랫폼을 이용해본 경험이 있을 것이다. 플랫폼 각각에 따라서, 또는 같은 플랫폼 내에서도 레이아웃 설정에 따라서 회의에 참여하는 사람이 화면에 보여지는 형태는 격자, 수평, 수직 등 매우 다양하다. 그런데 이러한 차이는 참여자의 태도와 행동에 영향을 미치지 않을까? 특히 수직으로 배치될 경우, 내가 위에 있을 때와 아래에 있을 때 느끼는 심리적 파워가 달라질지도 모른다. 따라서 우리는 가상공간에서의 위치와 힘의 관계(5장)도 생각해볼 필요가 있다. 한편, 협상을 할 때는 일반적으로 자신의 홈그라운드(예를 들어, 본인 사무실)에서 진행하는 쪽이 유리하다고 알려져 있다. 가상공간에서도 이러한 홈그라운드 이점 homefield advantage 이 존재할까? 만약 그렇다면 방문객의 입장에서는 불리한 점을 어떻게 극복할 수 있을지 알아보아야 할 것이다.

가상세계를 논의할 때 빼놓을 수 없는 주제는 아바타의 역할과 영향이다(6장). 우리는 가상공간 자체의 디자인뿐 아니라 가상공간에서 사용하는 아바타의 디자인도 쉽게 바꿀 수 있다. 따라서 아바타의 디자인이 가상공간 참여자에게 어떤 효과를 미치는지 중요하게 다뤄보아야 한다. VR 기기를 통해 70세가 된 내 모습을 아바타로 본다면 보다 미래 지향적 사고(예를 들어, 퇴직연금 납입금을 늘린다든지)를 하게 될까? 가상스토어에서 노인 아바타를 이용해 쇼핑하면 노인처럼 행동이 느려지고, 노인 관련 제품에 대한 태도와 행동에 변화가 발생할지도 궁금하다. 한편, 내 아바타가 아닌 매장 종업원의 아바타 유형(매력적인 아바타인지 전문성이 높은 아바타인지에 따라)이 쇼핑 경험에 영향을 미칠지도 모른다.

다음으로 가상공간에서의 접촉과 상호작용도 살펴본다(7장). 현실세계에서의 시각 정보와 청각 정보는 가상세계에서 모방하기가 상대적으로 쉬운 반면, 촉각 정보는 분명 한계가 있다. 이는 오프라인 매장에서 단순히 제품을 만지는 것만으로 심리적 소유감 perceived ownership이 발생하여 제품을 긍정적으로 평가하는 '단순 접촉 효과 mere touch effect'를 기대하기가 쉽지 않음을 의미한다. 따라서 가상세계에서 아바타의 접촉을 단순 관찰 vicarious touch 하거나, 몸에 착용한 암밴드 arm band 등을 통해 실제와는 다른 촉각 피드백 pseudo haptic 을 받을 경우에도 단순 접촉 효과가 나타나는지 알아볼 필요가 있다.

한편 가상공간에서 제품이 아닌 타인과의 접촉 social touch 은 어떤 효과를 가질까? 가상스토어에서 쇼핑할 때 종업원과 어떤 유형의 사회적 접촉(하이파이브, 포옹 등)을 해야 매장과 제품 평가에 도움이 되는지 이해하는 것도 중요하다. 마지막으로, 박물관 투어와 같은 가상체험은 혼자 하는 편이 좋을까? 아니면 다른 누군가를 만나 사진을 찍는 것과 같은 상호작용을 하는 편이 좋을까? 이는 가상체험을 기획하는 마케터에게 매우 유용한 정보가 될 것이다.

그 밖에도 공간 디자인과 관련하여 알아두면 유용한 심리학 관점의 연구가 많다. 4부에선 가상공간에서 조명 색 온도color temperature of the illumination, 소리의 높낮이 등에 따라 소비자가 인식하는 체감온도가 어떻게 달라지고, 이것이 인간의 태도와 행동에 어떤 영향을 미치는지 살펴본다(8장). 또한 가상공간에서 시각 정보를 이용한 효과적인 제품 진열, 커뮤니케이션 방법(9장)과 가상공간의 색상이 제품 평가, 업무 성과 등에 미치는 영향은 어떠한지도 알아본다(10장).

심리학 관점으로 메타버스를 새롭게 바라본다는 것

나는 이 책을 준비하면서 메타버스 가상현실과 관련된 수많은 책과 논문을 살펴보았다. 내가 심리학 관점으로 정리한 아홉 개의 주제 중 일부는 현실세계에서의 연구 결과를 가상현실에 적용해 의미 있는 결론을 도출한 것도 있지만, 아직은 대부분 현실세계의 연구 결과를 토대로 가상현실에서의 결과를 추론하고 탐색하는 수준에 머물러 있다.* 비록 국제학술지에 게재된 검증된 논문 결

---

*   현실세계에서의 공간 변화에 따른 반응이 가상세계에서와 동일하다는 보장은 없다. 하지만 합리적 추론은 충분히 가능하며 가상현실에 대한 심도 깊은 연구에 의미 있는 출발점이 될 수 있다.

과를 소개하고는 있지만, 이론과 논리가 탄탄하지 않은 탐색 연구가 많아 학문의 질을 중요시하는 학자들의 눈에는 조금 불편해 보일 수도 있다. 그럼에도 내가 이 책을 써야겠다고 결심한 이유는 연구 결과의 구체적인 내용보다 메타버스 가상세계를 바라볼 새로운 관점, 즉 인간 중심의 심리학적 사고를 소개하고 싶었기 때문이다.

학문적 연구를 100미터 돌탑을 쌓는 과정에 비유하자면 현실세계에 대한 연구는 이미 99미터를 쌓았고 이제 1미터를 남겨두고 있다. 새로운 돌을 잘못 올리면 지금까지 공들여 쌓아온 탑이 한 번에 무너질 수 있다. 따라서 99미터의 탑을 쌓아 올린 동료 연구자들의 감독이 매우 철저하게 이뤄지며 웬만큼 안전하고 멋진 돌이 아니면 탑 위에 올리는 것을 쉽게 허락받지 못한다. 반면 가상세계 연구는 현재 아랫돌을 깔아 바닥을 다지는 단계라 할 수 있다. 이 단계에서는 반듯하고 예쁜 돌을 찾는 것도 중요하지만, 바닥을 다질 수 있는 최대한 많은 양의 돌을 모으는 것이 더 중요하다. 한쪽으로 기울어지고 모난 돌이 놓여도, 다음 칸에 올리는 돌들로 평행을 만들고 균형을 맞추면 되기 때문이다. 이런 관점에서 돌을 모으다 보면 성에 차지 않는 다소 못난 돌도 분명히 있다. 하지만 바닥을 다질 수 있는 충분한 돌이 없으면 결코 탑을 쌓을 수 없다. 따라서 현재 가상세계 연구는 타당성보다는 확장 가능성이 더 중요하다는 점에 주목하고 싶다.

나는 이 책을 통해 돌탑을 함께 쌓아갈 든든한 동료와 돌탑을 쌓아 올리는 험난한 과정을 응원해줄 많은 사람을 만나기를 희망한다. 물론 나는 심리학 관점에서 탑을 쌓고 있지만, 언젠가 고래의 다른 면을 보는 사람들이 쌓아 올린 탑과 퍼즐을 맞추어야 할 것이다. 그런 의미에서 이 책이 우리 모두가 각자의 눈으로 바라보는 메타버스 가상세계라는 큰 고래의 퍼즐을 완성하는 데 도움이 되기를 기대한다.

차례

2 _ 사람을 모으는 메타버스 브랜딩
메타버스 공간 디자인 전략: 소비자와 브랜드

3 _ 아바타, 기술이 아니라 사람이다
메타버스 공간 디자인 전략: 아바타와 사회적 접촉

4 _ 메타버스, 가치를 설계합니다
메타버스 공간 디자인 전략: 감각 – 온도와 색

"관점의 차이는 IQ 80의 차이에 버금간다."

컴퓨터 과학자, 앨런 케이Alan Curtis Kay

가상세계에서도
심리학이 필요한 이유

메타버스 공간 디자인 전략: 형태와 배치

1장
가상현실,
그 미묘함에 관하여

증강하고 혼합하고
확장하는 공간

가상세계에서의 인간 행동을 논의하기에 앞서 가상현실과 관련하여 자주 언급되는 용어를 정리하고 넘어갈 필요가 있다. 우리가 흔히 사용하는 증강현실Augmented Reality(AR), 가상현실Virtual Reality(VR), 혼합현실Mixed Reality(MR), 확장현실Extended Reality(XR)은 어떻게 다를까? 업계에서는 이들 개념을 혼용해서 사용하거나 VR로 통합해서 사용하는 경향이 있다. 하지만 학계에서는 이들을 명확하게 구분하는 편이 비즈니스에 적용할 수 있는 다양한 아이디어를 도출하는 데 도움이 된다고 주장한다.* 따라서 학자들이 주장하는 용어 간 차이를 예를 들어 쉽게 설명해보고자 한다.

---

*   Farshid et al. (2018). "Go boldly!: Explore augmented reality(AR), virtual reality(VR), and mixed reality(MR) for business", *Business Horizons*, 61(5), pp.657-663. 이 논문에서는 '현실세계/가상세계의 연속체actual reality/virtual reality continuum'라는 개념을 제안한다. 이는 현실reality, 증강현실 augmented reality, 가상현실virtual reality, 혼합현실mixed reality, 확장가상augmented virtuality, 가상virtuality의 여섯 단계 진화를 의미한다. 여기서 확장가상은 일반적으로 업계에서 언급하는 XRextended reality과 유사한 개념으로 판단되어, 이 책에서는 현실과 가상 사이에 존재하는 개념을 AR, VR, MR, XR 네 단계로 구분하였다.

증강현실(AR)

증강현실(AR)은 '현실세계와 이와 관련된 디지털 정보를 통합한 것'을 의미한다. 예를 들면, 미국의 온라인 부동산 중개 서비스 기업인 리얼터 닷컴realtor.com의 앱을 이용해 현실세계에서 관심 있는 동네를 돌아다니며 카메라로 집을 비추면 최근 판매가, 세금, 주차장 크기 등 다양한 디지털 정보를 얻을 수 있다. 호주의 와인 브랜드인 19 크라임스19 Crimes는 2012년 출시된 저가 와인 브랜드로, 특이하게도 영국에서 호주로 강제 이주된 범죄자의 사진을 병 라벨에 인쇄해두었다. 와인 구매자가 라벨에 앱 카메라를 비추면 사진 속 범죄자가 자신이 호주로 쫓겨나야 했던 사연을 직접 들려준다.*

한편 고스트 페이서Ghost Pacer가 다른 사례가 될 수 있다. 고스트 페이서는 90그램짜리 AR 전용 안경을 착용(배터리 완충 시 6시간 사용)하면 홀로그램의 트레이너가 나타나 앞서 달리면서 운동을 도와주는 서비스를 제공한다. 이는 혼자 뛸 때 지루하고 재미가 없어 목표량을 채우지 못하고 쉽게 포기하는 문제를 해결하는 데 도

---

* 19 크라임스의 독특한 마케팅 전략에 소비자들이 늘 긍정적으로 반응하는 것은 아니다. 19 크라임스는 스눕 칼리 레드Snoop Cali Red라는 캘리포니아 레드 와인을 출시하면서 래퍼인 스눕독Snoop Dogg과 장기 파트너십을 체결하였는데, 흑인과 범죄를 연결했다는 점에서 많은 비판을 받기도 했다.

리얼터 닷컴(왼쪽)과 19 크라임스(오른쪽)

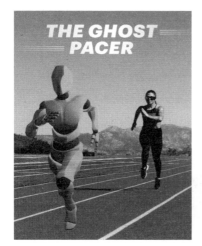

홀로그램 운동 파트너(왼쪽)와 고스트 페이서 AR 안경(오른쪽)

움을 준다. 고스트 페이서는 2021년 7월 229달러(약 28만 원) 가격
으로 클라우드 펀딩을 진행하여 세간의 큰 관심을 끌었다.

가상현실(VR)

가상현실(VR)은 '현실세계 또는 그 현실세계 안에 존재하는 대상들을 3D 가상 이미지로 완벽하게 구현한 것'을 의미한다. AR과의 가장 큰 차이는 사용자가 현실과 완전히 분리된 새로운 공간에서 활동한다는 점이다. 예를 들어 1년간 미국으로 해외 연수를 떠나게 되었을 때 한국에서 미리 집을 구해놓고 가면 빠르게 정착하는 데 큰 도움이 될 수 있다. 만약 VR 기기를 이용해 실제 모습과 동일하게 구현된 가상의 집을 한국에서 미리 구경할 수 있다면 어렵지 않게 계약 여부를 결정할 수 있을 것이다. 오바마 대통령의 홀로그램이 나타나 직접 안내하는 백악관 VR 투어에 참여한다거나, 프랑스 루브르 박물관을 방문해서 레오나르도 다빈치의 〈모나리자〉를 감상할 수도 있다. 나아가 VR로 응급 환자를 대응하는 방법도 실습해볼 수 있어, 예비 의료인을 대상으로 하는 교육에도 유용하게 활용될 수 있다.

지금까지 언급한 VR 사례들은 주로 HMD를 쓰고 외부 환경과 완전히 차단된 상태로 가상현실을 경험하는 몰입형 가상공간에서의 체험이다. 하지만 일반적으로 VR이라고 하면 PC 기반으로 아바타를 이용해 가상현실을 경험하는 비몰입형 가상공간에서의 체험도 포함한다. 비록 잠깐만 PC에서 눈을 떼도 현실세계에 노출되지만 PC 속 가상세계와 PC 밖 현실세계가 혼합되지 않고 완전히 분리되었다는 측면에서 VR로 분류하는 것이 어느 정도 타당해 보인다.

혼합현실(MR)

혼합현실(MR)은 HRHybrid Reality이라고도 불리며 가상과 현실의 결합이란 측면에서 AR과 비슷하지만 현실과 가상이 실시간 상호작용을 한다는 점에 차이가 있다. 가상의 공을 단순히 현실의 테이블에 놓는 것이 AR이라면, 테이블에 떨어진 가상의 공이 튀어오르는 것은 MR이라 할 수 있다. AR의 사례로 언급한 고스트 페이서에서 사용자와 홀로그램 트레이너 사이에 실시간 상호작용이 가능하다면 MR이 될 수 있다. 최근 메타가 공개한 캠브리아 프로젝트Project Cambria는 혼합현실의 대표적인 사례이다. 메타는 창업자이자 CEO인 마크 저커버그가 오큘러스 퀘스트 2를 착용하고 현실세계에서 가상의 동물과 공놀이를 하는 모습을 담은 영상을 업로드하여 새로운 서비스에 대한 기대감을 높였다. 특히 영상에서 인상적인 장면은 기존의 HMD를 사용할 때 양손에 거머쥐던 컨트롤러 없이 맨손으로 공을 주고받는 모습이었다. 현실과 가상을 부분적으로 통합하는 AR이나 현실과 가상을 완전히 구분하는

마크 저커버그가 프로젝트 캠브리아를 쓰고 가상동물과 공놀이를 하고 있다.
(출처 : 마크 저커버그 페이스북)

VR과 달리 MR은 가상과 현실의 경계를 무너트린다.

이상 논의한 AR, VR, MR을 좀 더 명확하게 비교하기 위해 심폐소생술 훈련에 각각 어떻게 적용되는지 살펴보자.* AR은 투명한 안경(현실과 가상을 동시에 볼 수 있음)을 쓰고 현실에서 보이는 가상의 환자를 심폐소생하는 연습을 하는 것이라면, VR은 HMD를 착용한 후 손에 컨트롤러를 들고 가상현실 속 환자를 심폐소생하

---

* 강릉원주대 최재홍 교수는 한 언론사와의 인터뷰에서 AR을 "헛것이 보이는 것", VR을 "헛것만 보이는 것"으로 알기 쉽게 설명하였다. 같은 맥락으로 MR을 설명하면 "헛것과 현실이 상호작용하는 것"으로 표현할 수 있다.

는 연습을 하는 것이다. 마지막으로 MR은 현실의 침대 위에 놓인 마네킹 환자를 심폐소생하는데, 이때 마네킹 위에 보이는 가상의 심장이 실시간으로 어떻게 반응하는지를 관찰하면서 연습할 수 있다. 미국의 IT 컨설팅 기업인 스피어젠SphereGen의 웹사이트[1]를 방문하면 시각적 자료를 통해 그 차이를 보다 분명히 이해할 수 있다.

확장현실(XR)

확장현실(XR)은 'MR의 확장된 개념으로 여러 사람이 동시에 접속하여 그들 간에 상호작용이 가능한 것'을 의미한다. 이는 사용자와 공간의 상호작용을 넘어 사용자들 사이에 상호작용이 가능하다는 의미이다. 하지만 업계에서는 XR이라는 용어를 흔히 AR, VR, MR을 포함하는 개념으로 사용하는 경향이 있다.

지금까지 우리는 흔히 가상현실이라 일컫는 네 용어(AR, VR, MR, XR)의 차이를 살펴보았다. 이 책에서 말하는 심리학 관점의 가상세계 연구는 주로 VR을 다룬다. 구체적으로 VR을 체험하는 두 방법, 즉 HMD를 사용하는 몰입형 가상현실 체험과 PC 기반의 비몰입형 가상현실 체험에서 인간이 감각적 자극에 어떻게 반응하는지를 심리학 관점에서 살펴보고자 한다.

다음으로는 가상세계를 심리학 관점에서 연구한다는 말이 무슨 의미인지 살펴보겠다. 그리고 가상공간 디자인과 관련된 주제를 세분화하여 가상공간에서의 다양한 자극에 인간이 어떻게 반응하는지 의미 있는 연구 결과들을 소개하고자 한다.

심리적 관점,
가상세계를 새롭게 해석하다

심리학 관점의 가상세계 연구란 무엇일까? 흥미로운 문제를 하나 풀어보자. 아래 그림을 보면 책상 위에 양초, 성냥, 종이 상자에 담긴 압정들이 있다. 이제 양초를 벽에 고정할 방법을 찾아야 한다. 단, 촛농이 테이블 바닥에 떨어져서는 안 된다. 테이블 위에 놓인 물건은 원하는 대로 이용할 수 있다. 답은 무엇일까?

압정을 쏟아내야 해법이 보인다

해답을 생각해내기가 쉽지 않을 것이다. 그렇다면 힌트를 하나 주겠다. 아래 그림을 자세히 들여다보라. 이전의 사진과 어떤 다른 점이 있는가? 그렇다. 압정을 바닥에 쏟아 놓았다는 점이다. 이제 답이 무엇인지 알겠는가?

사실 이 문제는 독일의 심리학자 칼 던커Karl Duncker가 인간이 가진 사고방식의 한계인 '기능적 고착화functional fixedness'를 보여주고자 고안해낸 것이다. 이 문제를 푸는 핵심은 압정이 담긴 종이 상자의 기능에 대한 '고정관념'에서 벗어나는 것이다. 종이 상자에 압정을 담는 기능만 있다는 생각을 버리면 풀이가 쉬워진다. 설마, 아직도 답이 떠오르지 않는다면 다음 쪽 그림을 보라.

메타버스 가상현실을 이해하는 일과 고전적인 양초 문제The candle problem는 어떤 관련이 있을까? 바로 고정관념이 우리의 문제 해결 능력을 감소시킨다는 공통점이 있다. 즉, 과거에 학습한 지식과 고정관념은 우리의 눈을 가려 새로운 기술과 산업이 만드는 패러다임의 변화를 객관적으로 바라보지 못하도록 할 수 있다. 미래의 새로운 변화를 제대로 이해하고 활용하기 위해서는 뾰족하고 위험해 보이는 압정을 과감히 상자에서 쏟아낼 용기와 마음가짐이 필요하다.

물론 나 역시 이 책을 심리학이라는 고정관념을 바탕으로 썼다. 하지만 심리학 기반의 지식만이 아니라 다양한 분야의 연구 결과들을 접목해서 새로운 관점으로 메타버스 가상현실을 바라보고자 노력하였다. 그 과정에서 상자 속 압정을 완전히 다 쏟아내지는 못했지만, 적어도 몇 개를 덜어내면서 변화를 보다 객관적으로 바라보는 관점을 얻을 수 있었다. 당신도 이 책을 읽고 자신의 압정을 일부 쏟아내고 새로운 문제 해결 능력을 가질 수 있길 기대한다.

가상공간에서 인간의 경험은 무엇을 뜻하는가

그렇다면, 심리학 관점으로 메타버스 가상현실을 바라본다는 말은 어떤 의미일까? 심리학은 인간의 마음을 과학적으로 탐구하는 학문이다. 대부분의 과학적 연구는 실험으로 인과관계를 밝히는 것을 목표로 한다. 이러한 개념을 메타버스 가상세계에 접목하면, 심리학 관점의 가상세계 연구는 가상세계에서 인간이 보이는 생각과 행동의 이유와 방향을 실험을 통해 밝혀내는 과정이라 할 수 있다.

이때 인간의 생각과 행동을 심리학에서 많이 사용하는 용어로 표현하면 인지cognition, 태도attitude, 행동behavior 일 텐데, 이 중 인지라는 말이 조금 낯설게 느껴질지도 모르겠다. 심리학에서 말하는 인지는 외부의 자극을 받아들여 반응하기까지 머릿속에서 일어나는 일련의 계산 과정을 의미한다. 즉, 가상공간에서 받아들인 다양한 감각 정보를 머릿속에서 처리하는 정보 처리 과정(주의, 지각, 해석, 기억 등)이라 할 수 있다. 가상세계를 연구하는 학자들은 인간의 인지, 태도, 행동 과정을 '경험'이라는 말로 표현하고, 가상공간에서 경험에 영향을 미치는 요소를 크게 두 가지로 본다.[2] 바로 실감형 몰입immersion과 환경과의 상호작용social interaction이다.

가상스토어 설계에 실감형 몰입 활용하기

먼저 실감형 몰입*이란 생생한 3차원의 이미지가 나를 에워싸고 있어 실제 내 몸이 존재하는 현실을 잊게 만드는 상태를 의미한다. 가상공간의 자극이 실제와 매우 유사하다면 우리는 인지 과정에서 현실과 가상의 경계를 잊어버릴 것이다. PC 기반의 비몰입형 공간과 HMD를 착용한 후 경험하는 몰입형 공간에서 우리가 느끼는 실감형 몰입의 정도에는 확연한 차이가 있고, 이는 가상 경험 평가에 중요한 영향을 미친다.** 예를 들어, 오프라인 스토어와 PC로 구현된 비몰입형 스토어, 360도 전방위 3D 이미지로

＊　허드슨Hudson(2019) 연구팀은 비슷한 개념으로 사용되는 'immersion'과 'flow'의 개념을 구분한다. 'flow'는 몰입 상태 또는 몰입 상태 아님all or nothing으로 평가하는 반면, 'immersion'은 어느 정도 몰입하는지 그 정도를 측정하는 연속변수의 개념이다. 또한 주로 기술적 요소(VR 기기와 같은)로 인한 몰입을 의미하는 'presence'와 달리 'immersion'은 독서, 문제 풀이 등에서의 몰입까지 포함하는 보다 넓은 개념으로 설명한다.

＊＊　최근에는 비몰입형 가상공간의 실감형 몰입도가 높아져, HMD를 착용해야 하는 몰입형 가상공간과의 차이가 줄어들고 있다는 평가가 있다. 예를 들면, CES 2023에서 롯데정보통신은 쇼핑, 엔터테인먼트 등 다양한 테마 체험이 가능한 여의도 규모의 가상공간을 선보였는데 이를 구현한 3D 디스플레이의 실감형 몰입도가 기존 비몰입형 가상공간과 비교했을 때 매우 높은 것으로 평가받았다. 출처: [CES 2023] 롯데정보통신, 〈초실감형 메타버스 플랫폼 공개〉, 남혁우 기자 (2023.1.6.), ZDNET Korea.

구현된 몰입형 스토어에서 쇼핑 행동이 같을까? 다르다면 어떻게 다를까?

실감형 몰입의 정도가 다른 환경에서 나타나는 인간의 인지·태도·행동의 차이 분석은 메타버스 공간에서 기업들이 마케팅 전략을 수립하는 데 유용한 정보를 제공해줄 것이다. 특히 몰입형 가상스토어에서의 소비자 행동이 오프라인 스토어에서의 행동과 유사하다면, 오프라인 스토어 디자인에 변화를 주기 전 몰입형 가상스토어에서 시뮬레이션을 거쳐 소비자 반응을 미리 모니터링 해볼 수 있다. 이는 잘못된 공간 디자인으로 발생할 수 있는 예상치 못한 위험을 예방해줄 테고, 그 효과를 확인하는 데 소요되는 시간적·금전적 비용을 줄이는 데 큰 도움을 줄 것이다.

반면, 몰입형 가상스토어를 오픈할 계획을 가진 기업들은 더 나은 고객 가치를 제공하는 가상스토어를 구축하고자 할 때, 오랜 기간 오프라인 스토어를 운영하면서 축적한 소비자 행동 데이터를 이용할 수 있을 것이다. 한편, 기업뿐 아니라 소비자 또한 자신의 소비 행동을 이해하고 잘못된 소비를 줄이는 등 스스로를 통제하는 데 도움을 받을 수 있다.

경험의 가치를 결정짓는 가상세계 상호작용

가상공간 경험에 영향을 미치는 두 번째 요소인 상호작용은 비인적 요소와의 상호작용과 인적 요소와의 상호작용으로 나눌 수 있다. 먼저 비인적 요소와의 상호작용은 공간 디자인과 관련된 감각적 자극들에 대한 인간의 반응과 관련이 있다. 천장의 높이, 자리 배치, 아바타의 모습, 제품 진열 등의 시각 정보뿐 아니라 소리의 높낮이와 같은 청각 정보, 그리고 제품을 만질 때 느껴지는 촉각 정보 등의 감각 정보는 가상공간에서의 경험에 영향을 미치는 매우 중요한 요인이다.

이와 달리 인적 요소와의 상호작용은 내가 있는 가상공간에 존재하는 타인과의 접촉을 의미한다. 타인은 가상스토어에서 근무하는 종업원일 수도 있고, 함께 가상현실의 미술관을 관람하는 다른 소비자일 수도 있다. 당신은 이들과 함께 사진을 찍을 수도, 악수나 포옹을 할 수도 있다. 요컨대 가상공간에서 경험하는 이와 같은 인적·비인적 요소와의 상호작용은 경험의 가치를 결정짓는 중요한 요소로 작용한다.

메타버스 가상세계에 대한 심리학적 접근은 실감형 몰입과 상호작용 정도가 다른 가상공간에 존재하는 인간의 생각과 행동을 과학적으로 이해하려는 노력이다. 심리학 분야의 연구들은 대부분 실험 참가자를 여러 집단으로 구분한 다음, 다른 조건을 통제한 상태에서 특정 자극만을 변화시킨 후 집단 간 반응의 차이를 비교 분석한다.

　이제 현실세계와 가상세계에서 인간이 어떻게 정보를 처리하고, 왜 태도와 행동이 달라지는지를 이해하는 데 도움이 될 수많은 실험 결과를 살펴보고자 한다. 가상세계에서의 브랜드 전략을 도출하는 데 유용한 통찰을 얻을 수 있길 바란다. 자 그럼, 당신이 담아 둔 상자의 압정을 쏟아버리고 새로운 세계를 만나러 가보자.

Rethinking Metaverse

2장

마음을 사로잡는
가상공간의 심리학

천장 형태에 따라
머릿속 생각도 바뀐다

아주 오래전 이탈리아에 여행을 갔을 때 두오모 성당에 들어가본 적이 있다. 화려한 실내 장식도 인상적이었지만, 어마어마한 천장 높이에 놀랐고 이렇게 높게 설계한 이유가 뭘까 궁금했던 기억이 난다. 물론 인간은 기본적으로 높은 천장을 더 선호하기 때문에 시각적 아름다움과 편안함을 구현하기 위해서였으리라고 추측해 볼 수도 있겠다.

그런데 천장의 높이는 미적인 부분을 제외하더라도 인간의 생각과 행동에 상당한 영향을 미칠 수 있다고 알려져 있다. 예를 들면, 천장이 높은 경우에는 창의적인 일을, 낮은 경우에는 집중력이 요구되는 일을 수행하는 데 효과적이라는 연구가 있으며 이를 '대성당 효과cathedral effect'라 한다.

'대성당 효과'는 가상세계에도 실재하는가

미국 캘리포니아주 샌디에이고에는 소아마비 백신을 최초로 개발한 조너스 소크 Jonas Salk를 기념해 만든 소크생물학연구소 Salk Institute for Biological Studies가 있다. 이 연구소는 모네의 그림 〈인상, 해돋이〉와 같은 아름다운 풍광을 감상할 수 있는 건축물로 유명하지만, 실내 천장을 높게 만들게 된 일화로 더욱 잘 알려져 있다.[3] 수년간의 연구에도 해답을 찾지 못하던 소크는 이탈리아 중부에 있는 아시시 Assisi라는 마을을 여행하던 중 천장이 높은 오래된 성당을 방문했고, 이때 백신 개발의 실마리를 풀 결정적인 아이디어를 얻었다고 한다. 이후 노벨상을 수상한 그를 기념한 연구소를 짓게 되자, 소크는 건축 디자이너에게 높은 천장이 창의력을 불러온다고 주장하며 3미터 높이의 천장을 만들어달라고 부탁했다고 한다. 이 연구소는 지금까지 무려 다섯 명의 노벨상 수상자를 배출하였다.

그렇다면 대성당 효과는 가상현실에서도 나타날까? 다음 두 그림은 메타의 호라이즌 워크룸 horizon workrooms 회의실로, 천장 높이에 차이가 있다. 공교롭게도 천장이 낮아 보이는 위 그림의 회의실에서는 디테일한 업무 프로세스를 토의하는 것으로 보이는 반면, 천장이 높아 보이는 아래 그림의 회의실에서는 창의적인 아

메타가 개발한 VR 작업 공간인 호라이즌 워크룸 (출처: 메타)

이디어 도출을 위한 브레인스토밍을 하는 것으로 보인다. 대성당 효과를 감안할 때 워크룸 회의실의 천장 높이는 업무 유형과 잘 매칭된 것으로 보인다. 그렇다면 정말 우리는 높이가 다르게 설계된 가상공간에서 다른 업무 성과를 보일까? 이와 관련해 과학적 연구로 밝혀진 논리적 근거가 있을까?

의문을 해결할 단서를 제공해주는 연구가 있다. 2007년 마이어스 레비Meyers-levy 연구팀은 천장의 높이가 인간의 정보 처리 방식에 미치는 효과를 연구한 결과를 발표하였다.[4] 그들은 천장의 높이에 따라 서로 다른 유형의 기억 연상이 활성화되고, 그 결과 정보 처리 방식이 달라질 수 있다고 주장하였다. 구체적으로, 천장이 높으면 자유와 관련된 연상이 활성화되어 관계 중심적 사고를 활발히 하는 반면, 천장이 낮으면 억압과 관련된 연상이 활성화되어 개별 항목 중심적 사고가 활발해진다는 것이다. 따라서 천장이 높을 때에는 데이터 통합이나 추상화 작업에 높은 성과를 보이는 반면, 천장이 낮을 때에는 세부 데이터 분석이나 구체적인 작업에 높은 성과를 보인다. 사실 이 논문의 저자들은 대성당 효과에서 말하는 창의성creativity *과 집중력concentration 이란 용어를 직접적으로 언급하지 않았으나, 이 연구를 인용하는 많은 문헌이 높은 천장은 창의성에, 낮은 천장은 집중력에 도움이 된다고 주장한다.

---

* 　위키백과 사전은 창의성creativity을 "새로운 생각이나 개념을 찾아내거나 기존에 있던 생각이나 개념을 새롭게 조합해내는 것과 연관된 정신적이고 사회적인 과정"으로 정의한다. 이 연구에서 말하는 천장이 높을 때 도움이 되는 관계 지향적 사고는 새로운 연결과 조합이라는 측면에서 보면 창의성과 관련성이 있어 보인다. 하지만 창의성에 대한 효과를 좀 더 직접적으로 분석하기 위해서는 메타와 주 Mehta & Zhu(2009)가 연구에서 사용한 "벽돌로 할 수 있는 모든 것을 1분 동안 생각해서 얘기하기"와 같은 질문이 추가될 필요가 있어 보인다.

천장의 높이가 제품 이미지를 바꾼다

이제 실험이 어떻게 진행되었는지 구체적으로 살펴보자. 먼저 실험 참가자를 두 그룹으로 나누어 천장의 높이가 다른 방에 각각 입실하도록 한 후, 테이블에 놓인 노트북으로 지시한 과제를 수행하게 했다. 높은 천장과 낮은 천장은 미국 국가표준협회에서 제시하는 기준에 맞추어 10피트(3미터)와 8피트(2.4미터)로 각각 설정하였다.* 또한 천장에 조명을 켜서 천장 높이에 주목도salience를 높였다. 참가자들에게 여섯 문항을 제시하고 현재 자신이 느끼는 몸 상태를 설명하는 단어를 택하도록 했는데, 그중 세 개는 자유와 관련된 의미를 지닌 단어였고, 나머지 세 개는 억압과 관련된 단어였다.** 그 결과 천장이 높을 때는 자유와 관련된 문항에, 낮을 때는 억압과 관련된 문항에 응답값이 높았다.

다음으로 참가자들에게 알파벳의 위치가 뒤섞인 12개 영어 단어를 맞추는 게임(애너그램)을 하라고 제시한 후, 응답 시간을 측정하였다. 이때 세 단어는 자유와 관련된 단어였고, 다른 세 단어는

---

* 　국내 건설 기준은 '실내 층고 2.2미터 이상'으로 대부분의 아파트는 2.2~2.3미터로 지어졌으나, 최근 강남의 고급 아파트(서초구 래미안 퍼스티지, 아크로리버파크 등)를 중심으로 2.6미터까지 점차 높아지는 추세이다. 출처: 〈'키높이' 설계마법…천장고 높인 단지 눈길〉, 김근영 기자(2021.11.19.), 워크투데이.

** 　자유와 관련된 단어는 free, unrestricted, open이었고, 억압과 관련된 단어는 encumbered, inhibited, confined였다. 이를 한국어로 옮기면서 미묘한 차이를 정확히 살리기에는 어려움이 있어, 번역하지 않고 원어 그대로 사용하고자 한다. 이후에도 비슷한 경우 같은 이유로 각주를 참고하기 바란다.

억압과 관련된 단어, 나머지 셋은 자유나 억압과 관련이 없는 중립적 단어였다.* 그 결과 높은 천장일 때는 자유와 관련된 단어에 응답 시간이 짧은 반면, 낮은 천장일 때는 억압과 관련된 단어에 응답 시간이 짧았다. 이러한 결과는 천장 높이에 따라 서로 다른 유형의 기억 연상이 활성화될 수 있음을 의미한다.

이번에는 천장의 높이가 정보 처리 방식에 영향을 미치는지 확인하는 추가 연구를 진행했다. 참가자를 두 그룹으로 나눠 천장 높이가 다른 방에 각각 한 명씩 차례로 입장하게 한 후, 열 개 스포츠(야구, 복싱 등)를 분류하는 기준이 되는 항목(필요 장비 등)과 각 항목에 대한 세부 항목(글로브 등)을 최대한 많이 도출하도록 했다. 이후 참가자들이 제시한 분류 기준 항목들의 추상화 정도**를 평가했다. 예를 들어 만약 분류 기준 항목이 '도전적인 스포츠'라면 추상화 정도가 높은 것으로, '스포츠 참가자 수'라면 추상화 정도가 낮은 것으로 판단하였다.

그 결과 천장이 높으면(낮을 때 대비) 분류 기준 항목의 수는 상대적으로 많았지만, 항목 내 세부 항목의 수는 더 적었다. 또한 분류

---

* 자유와 관련된 단어는 liberated, unlimited, emancipated이었고, 억압과 관련된 단어는 bound, restrained, restricted, 중립적 단어는 check, radio, lunch, violin, paper 등이었다. 앞과 같은 이유로 우리 말로 옮기지 않고 원어로 두었다.

** 분류 항목의 추상화 정도는 낮은 추상화 항목Objectively Interpreted Dimensions; OID, 중간 추상화 항목Subjectively Interpreted Dimensions; SID, 높은 추상화 항목Psychological State Dimensions; PSD의 세 단계로 평가하였다. OID는 스포츠 참가자 수, 경기 장소 등을, SID는 스포츠 참가자 연령, 격렬함intensity 등을, PSD는 (내가) 좋아하는 스포츠, 도전적인 스포츠 등을 의미하는 것으로 점점 더 객관성이 떨어지고 주관성이 증가했음을 알 수 있다.

기준 항목의 추상화 정도도 높았다. 이는 천장이 높으면 관련성이 낮아 보이는 것들을 자유롭게 연결하고 분류하는 관계 지향적 사고가 가능해져 추상화 작업을 하는 데 용이하며, 디테일보다는 큰 그림을 중심으로 통합적 사고를 하는 성향이 강해짐을 의미한다.

다음으로 천장의 높이가 정보 처리 방식을 넘어 제품 평가에 미치는 효과를 분석하고자 커피 테이블과 와인 진열장의 사진을 각각 보여준 후, 각 제품의 매끈함 정도를 평가하는 문항들에 응답하게 하였다.* 그 결과 천장이 높은 경우 제품의 세부적인 작은 흠에 초점을 두기보다 통합된 관점으로 제품을 평가하면서, 상대적으로 제품이 매끈하다고 판단했다. 한편, 조명을 천장이 아닌 테이블에 설치하여 천장 높이에 대한 주목도를 낮춘 경우에는 천장 높이 효과가 사라졌다.

마지막으로 천장 높이가 인간의 기억 능력에도 영향을 미치는지 확인하는 추가 실험을 진행했다. 먼저 천장의 높이가 다른 방에 들어간 참가자들에게 각각 36개 단어를 제시하고 이후에 사용할 예정이니 유심히 봐두라고 지시했다. 36개 단어는 여섯 항목(새, 과일 등)으로 분류될 수 있고, 각 항목당 여섯 개 세부 항목으로 구성되어 있었다. 하지만 분류 항목을 언급하지 않고 단어를 연이어 나열하였다. 이후 여섯 개 분류 항목을 기억free recall 하는 정도

---

*   문항은 다음과 같다. rough/sleek, crude/polished, coarse/refined, organic/cultivated.

와 분류 항목을 알려준 후 각각의 여섯 개 세부 항목을 기억_{cued} _{recall}하는 정도를 측정했다. 그 결과 천장이 높을 때는 상대적으로 분류 항목을 기억하는 능력이 높은 반면, 낮을 때는 세부 항목을 더 잘 기억했다.

이 연구 결과를 종합해보면, 천장의 높이에 따라 적합한 업무 유형이 다를 수 있다. 예를 들어, 고객 가치 제고를 목표로 하는 신제품 개발 아이디어와 같은 창의적 사고를 요하는 업무에는 천장이 높은 공간이 유리한 반면, 빈틈없이 관리해야 하는 실행 계획표 작성과 같은 세부 내용에 집중할 필요가 있는 업무에는 천장이 낮은 공간이 유리할 수 있다. 현실세계에서는 업무 내용과 목표에 따라 천장의 높이가 다른 공간을 활용하기가 사실상 쉽지 않다. 하지만 가상세계의 공간은 비교적 쉽게 변화가 가능하다. 앞서 살펴본 호라이즌 워크룸 회의실과 같이 천장 높이가 각각 다른 회의실을 만들고 회의 주제에 맞게 참가자를 초대하면 된다. 게다가 가상세계 공간은 실제 건물이 아니므로 국가표준협회에서 제시하는 높이 규정을 준수할 필요도 없다. 따라서 천장 높이를 비교적 쉽게 조정할 수 있다는 장점이 있으며, 천장 높이에 주목도를 높이고자 애써 조명을 천장이나 테이블에 비치하는 노력을 할 필요도 없다.

비행기 좌석 간격 늘리지 않고 승객 만족도 높이기

천장 높이의 효과는 직장인을 위한 사무 공간에서만 나타나지 않는다. 어린이 돌봄 센터에서도 천장이 낮으면 아이들이 더 조용히 놀고, 천장이 높으면 더 활동적으로 노는 것으로 나타났다. 이러한 연구 결과를 교육 환경 개선에 적용해보면, 배운 내용을 단순 암기하고 복습하는 자율학습을 위한 가상공간은 천장의 높이를 낮추는 반면, 창의적 아이디어가 필요한 과학 실험실과 같은 가상공간은 천장의 높이를 높이는 쪽이 효과적일 가능성이 있다.

한편 항공업체들은 오랜 시간 좁은 공간에 머물러야 하는 승객들에게 보다 만족스러운 비행 경험을 제공하고자 착시를 일으켜 천장이 실제보다 더 높아 보이도록 만들기 위해 노력하고 있다. 좌석의 간격을 넓히면 승객 수가 줄어 비용 부담이 가중되는 반면, 높이를 조정하는 것은 상대적으로 어렵지 않기 때문이다. 천장이 높으면 세부적인 작은 흠에 민감도가 낮아진다는 앞선 연구 결과를 참조할 때, 높은 천장은 답답함을 덜 느끼게 하는 직접적 효과를 넘어 승객의 전반적인 서비스 만족도를 높이는 데 도움이 될 가능성이 있다.*

---

* 높은 천장의 효과는 항공기뿐 아니라 좁은 좌석 배치가 적용되는 열차, 버스 등 다양한 분야에 적용될 수 있어 관련 업계의 보다 깊은 관심이 필요하다.

로바니에미 산타클로스 축제 (출처: 로바니에미 관광청 홈페이지)

2020년 12월 산타클로스 공식(?) 항공사인 핀에어Finnair 는 독특한 VR 서비스를 출시하여 주목을 끌었다. VR로 핀에어를 타고 핀란드의 산타 마을 로바니에미Rovaniemi 를 방문하여 산타클로스를 만나고 크리스마스 축제를 즐기는 서비스이다. 25일부터 30분씩 8회 진행되는 이 서비스의 이용료는 10유로(약 1만 4,000원)였으며 수익금 전액을 유니세프를 통해 코로나 19로 어려움을 겪는 아이들에게 기부했다.[5]

핀에어는 자신들이 운영하는 에어버스 A350을 VR로 직접 체험해보도록 하고자 이 서비스를 선보였을 것이다. 항공 서비스와 같은 경험재는 실제 체험해보지 않고서는 그 가치를 알기가 쉽지 않다. 이용해보지 않아 단언할 수 없지만, 핀에어가 VR 기기 속

항공기의 천장 높이를 실제보다 높아 보이도록 3D 이미지를 구현했다면 서비스 만족도가 더 높아졌을지 모른다. 이처럼 다양한 서비스 기업이 소비자가 VR로 현실 공간을 사전에 체험할 수 있도록 기회를 제공하고자 한다면, 지금보다 더 천장 높이에 관심을 가질 필요가 있다.

오래 머물고 싶은 공간은
무엇이 다를까?

한편 최근에는 천장의 높이와 함께 천장의 유형이 인간의 생각과 행동에 미치는 효과에 관심이 적지 않다. 특히 콘크리트 천장을 투명한 창문으로 대체하는가 하면 철근, 골재, 가스관 등을 그대로 보여주는 노출형 디자인industrial design 유행이 많이 눈에 띈다. 깔끔하게 마무리된 마감형 천장concealed ceiling과 달리 노출형 천장은 비용 효율성이 높고 독특한 감성을 전달한다는 미적 장점이 있다. 하지만 주의를 분산시켜 집중력을 떨어뜨릴 수 있다는 문제가 제기되기도 한다. 따라서 노출형 천장은 카페와 같은 감성적 공간에는 적합하겠지만 도서관과 같은 집중력을 요하는 학문적 공간에는 어울리지 않을 수 있다.

그렇다면 가상공간에서 천장의 유형이 인간의 생각과 행동에 미치는 영향을 추론할 과학적 근거가 있을까? 2019년 차승현 교수 연구팀은 가상현실에서의 천장 높이와 유형이 공간 평가와 업무 성과에 미치는 효과를 분석했다.[6] 천장 높이(높은 천장과 낮은 천장)와 유형(노출형과 마감형)이 다른 네 가지 3D 가상오피스 공간을 디자인한 후(다음 페이지 그림 참고), 각각의 공간을 체험한 참가자들의 감정적 반응, 공간 평가, 실재감, 업무 능력의 차이를 비교 분석하였다. 실제 공간보다 작은 크기로 인식되는 PC 기반의 비몰입형 가상 체험 한계를 보완하고자, 참가자들이 VR 기기(HMD, 위치 추적 센서position tracking sensor)를 착용하고 게임 기기인 Xbox 컨트롤러를 사용하여 가상오피스 곳곳을 돌아다닐 수 있는 몰입형 가상체험을 설계하였다.

목표에 맞는 천장 형태는 따로 있다

먼저 네 가지 공간 디자인 유형에 따라 참가자들이 느끼는 감정적 반응의 차이를 분석한 결과, 천장이 높은 공간에서 참가자들은 행복감, 편안함, 차분함, 흥미로움과 같은 긍정적 감정을 더 크게 느꼈다. 하지만 천장 높이에 따른 집중력의 차이는 나타나지 않았다. 이는 천장이 높을 경우 창의성에, 낮을 경우 집중력에 도움이 된다는 앞서 살펴본 현실세계 연구 결과와 차이가 있다.

이를 가상과 현실의 실험 공간 차이로 해석할 수도 있겠지만, 집중력을 측정한 방식의 차이일 가능성이 높다. 즉, 이전 연구는

높은 천장
(3.2m)

낮은 천장
(2.6m)

천장의 높이와 유형에 따라 디자인한 네 개 공간

천장 높이에 따라 과제 수행 결과(스포츠 분류 기준 항목과 세부 항목 도출)의 차이를 비교한 반면, 이 연구에서는 참가자 본인이 느끼는 집중력의 정도를 스스로 응답하게 했다.* 이는 곧 집중력이 증가했음을 스스로 인식하지는 못하지만, 낮은 천장이 집중력과 관련된 과업을 성공적으로 수행하는 데 도움이 된다고 추론할 수 있다.

한편, 천장의 높이와 달리 천장의 유형은 오직 공간에 흥미로움

---

* 이전 연구에서는 이 연구와 달리 '집중력'이라는 용어를 직접 사용하지 않았다는 점에도 주목할 필요가 있다. 이전 연구에서는 집중력이 높아지면 수행 능력이 향상하는 세부 항목 도출 능력을 평가했다. 물론 구체적인 원인을 명확하게 확인하기 위해서는 추가 연구가 필요해 보인다.

을 느끼는 정도에만 영향을 미쳤다. 구체적으로 노출형 천장의 오피스를 덜 지루하고 더 흥미로운 공간으로 평가했다. 천장의 높이와 유형이 공간 평가에 미치는 효과를 분석한 결과, 천장이 높고 개방형인 경우에 더 넓고 열린 공간으로 인식하며, 일하고 싶은 공간으로 평가했다.

이번에는 천장 높이와 유형에 따라 참가자들의 업무 능력에 차이가 발생하는지 확인하기 위해 VR 기기를 사용해 가상오피스를 돌아다니다 발견한 컴퓨터에서 제시하는 문제에 응답하게 하였다.* 참가자들은 사전 지식이 필요치 않은 네 개 주제를 한 단락씩 차례로 읽고, 관련 질문들에 답하였다. 3분 정도 소요되는 간단한 이해력 테스트 문제였다. 이때 읽는 시간, 응답 시간, 응답 점수를 각각 측정하였다. 그 결과 천장의 높이와 유형에 따라 세 항목에 대한 응답에 유의미한 차이가 없는 것으로 나타났으며, 이는 천장 높이와 유형은 감정적 반응과 공간 평가에만 영향을 줄 뿐 업무 능력에는 별 영향을 미치지 못하는 것으로 해석할 수 있다. 하지만 이는 몇 가지 이유에서 다소 성급한 결론일 수 있다.

첫째, 연구에서는 아주 간단한 과제(네 단락 읽기)를 짧은 시간 수행했고, 이는 실제 오피스에서 수행하는 업무와는 차이가 있다. 또한 과제는 이해력을 측정하는 유형이었는데, 만약 암기력이나 창

---

* VR 기기를 벗고 현실 공간에서 설문조사를 할 경우 체험의 몰입도가 떨어질 수 있어 가상공간 내에서 응답하는 방식으로 설계했다.

의력을 측정하는 과제였다면 결과가 달랐을지 모른다.

둘째, VR 기기 사용에서 느끼는 감각적 불편함을 고려할 필요가 있다. 사람마다 VR 기기를 이용할 때 느끼는 불편함에는 차이가 있는데 이를 고려하지 않았다. 특히 가상경험의 품질을 평가하는 중요한 요소* 가운데 하나인 어지러움은 오랜 시간 VR 기기 착용을 사실상 불가능하게 한다. 이는 VR 기기를 장시간 착용할 경우 업무 성과에 부정적 영향을 미칠 수 있음을 의미한다. 필자의 경우에도 VR 기기(오큘러스 퀘스트 2)를 이용할 때 고정된 상태로 수행하는 간단한 게임(비트 세이버Beat Saber 같은)이 아니라 공간을 자주 이용해야 하는 앱(VR챗 같은)은 멀미 때문에 매우 큰 불편함을 느꼈다. 하지만 초등학생인 아들은 거의 어지러움을 느끼지 않고 여러 공간을 자유롭게 넘나들며 다양한 가상세계 경험을 온전히 누렸다.

따라서 가상공간의 천장 높이와 유형에 따른 효과를 제대로 분석하려면 VR 기기 사용에 따르는 불편 요소들을 먼저 제거(또는 측정 후 통제)한 후, 비교 연구를 수행할 필요가 있다. 한편으로 현재 대부분의 가상오피스는 VR 기기를 착용하지 않는 PC 기반의 비몰입형 공간으로 운영되는 만큼(직방의 메타폴리스를 예로 들 수 있다), 이

---

* 가브가니Gavgani(2018) 연구팀은 가상 경험의 품질을 평가할 때 세 가지 요소를 고려해야 한다고 주장한다. 이는 가상과 현실의 경계가 느껴지지 않고 실재감이 느껴지는 정도presence, 어지러움 정도 cybersickness, 가상에서 배운 기술과 역량이 현실에 전이 가능한 정도transference이다.

와 유사한 형태의 가상오피스를 구현한 후 공간 디자인 변화에 따른 인간의 생각과 행동의 차이를 연구할 필요가 있어 보인다.

오래 머물고 싶어지는 공간

이제 가상공간의 천장 높이와 유형을 넘어 공간의 전체적인 개방 감을 생각해보자. 아래 그림과 같이 동일한 규모의 공간이라도 대형 창문을 벽면에 설치하여 개방감을 높일 수도 있고 바깥을 완전히 볼 수 없게 가려 폐쇄형으로 만들 수도 있다. 만약 통유리를 사용해 밖이 훤하게 보이도록 개방감을 높인다면 인간의 생각과

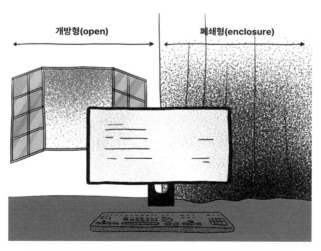

개방감을 높인 가상공간(왼쪽)과 폐쇄형으로 만든 공간(오른쪽)

행동에 변화가 일어날까? 이와 관련하여 2015년 오신 바타니언 Oshin Vartanian 교수 연구팀은 천장의 높이와 개방감이 공간을 아름답게 느끼고 더 머물고 싶게 만드는 데 영향을 미치는지 알아보는 연구 결과를 발표하였다.[7]

실험 참가자들에게 천장 높이와 개방감이 다른 네 유형의 방 사진 50개를 보여 주고 ① 얼마나 아름다운 공간이라 생각하는지, ② 얼마나 들어가거나enter 또는 나가고exit 싶은 생각이 드는지를 평가하도록 했다. 그 결과 천장이 높은 공간을 낮은 공간보다 더 아름답다고 생각하는 것으로 나타났다. 하지만 천장 높이에 따라 머물거나 나가고 싶다는 생각에 차이는 없었다. 반면, 개방감이 높은 공간을 더 아름답고, 오래 머물고 싶다고 생각했다.

이 연구는 VR 기기를 이용해 공간을 체험한 후 평가한 것이 아니라 여러 공간 유형을 사진으로 평가하도록 한 한계가 있지만, 가상공간을 디자인할 때 천장의 높이나 유형과 함께 개방감에도 관심을 가질 필요가 있음은 충분히 보여준다. 특히 옆의 그림과 같이 오늘날에는 공간의 옆면뿐 아니라 천장을 통유리로 처리한 가상공간 디자인도 많이 활용되는 만큼, 향후 연구에서 그 효과를 검증해볼 필요가 있다.

얼마 전 강원도에 위치한 한 힐링 숙소에서 하룻밤을 보낸 적이 있다. TV도 인터넷도, 심지어 전화 통화도 불가능한 디지털 디톡스를 위한 숙소에 들어가 침대에 누우니 천장에 있는 통유리창

2021년 메타가 공개한 업무용 가상공간. 사용자가 원하는 대로 공간을 디자인할 수 있다. (출처: 메타)

으로 비치는 햇살이 따사롭고 평화롭게 느껴졌다. 하지만 잠시 후 낮잠을 자고 싶어 빛을 차단하고 싶다는 생각이 들었다. 자동 커튼이나 블라인드의 스위치는 어디에도 없었고 강력한 빛 때문에 더 이상 침대에 누워 있을 수가 없었다. 스트레스 해소 힐링 공간으로서의 가치가 퇴색되는 듯해 아쉬웠다. 이처럼 현실세계에서 천장의 개방감이 긍정적 효과를 가지려면 개방과 폐쇄를 사용자가 조절할 수 있어야 한다. 하지만 가상세계에서는 어떨까? 창에 커튼을 닫고 여는 것이 아니라 창을 통해 들어오는 빛 자체의 강도를 조절할 수 있을지도 모른다. 현실과 가상은 매우 닮은 듯해

지하 미술관 아모스 렉스의 대형 개방 유리창 (출처: 아모스 렉스)

도 미묘한 차이가 있다.

한편 개방형 천장은 단순한 미적 아름다움을 넘어 '소통 창구' 로서의 의미를 가질 수 있다. 2018년 핀란드 헬싱키의 라시팔라 치Lasipalatsi 광장 지하에 아모스 렉스Amos Rex라는 현대 미술관이 들어섰다. 비록 지하에 위치하지만 지상으로 나온 천장에 둥근 대 형 유리창을 만들었다. 지하의 관람객들은 광장의 햇볕을 쬐며 미 술관을 관람할 수 있어 광장에 머문다는 느낌을 받고, 광장에 있 는 사람들은 천장을 자유롭게 오르내리며 유리를 통해 미술관 내 부를 들여다본다. 그렇게 아모스 렉스의 개방형 천장은 광장 지하와 지상을 연결하는 소통 창구 역할을 수행함으로써 새로운 가치를 창출한다. 가상공간에서 천장을 디자인할 때에도 이와 같은 개방형 천장과 공간을 넘나드는 소통 기능을 염두에 둘 필요가 있다.

약점을 보완하는 도구

여러 연구 결과들이 천장의 높이, 유형, 개방감이 인간의 생각과 행동에 유의미한 영향을 미칠 수 있음을 보여준다. 최근 VR 기기의 눈부신 발전과 함께 가상공간 디자인이 매우 유연하고 간편하게 진화하고 있다. 예를 들어, 메타가 출시한 메타 퀘스트 프로를 이용하면 가상공간에서 몇 번의 클릭과 손동작만으로 내가 원하는 높이와 크기의 집을 지을 수 있다. 이는 나의 약점을 보완할 수 있는 최적의 공간을 누군가의 손을 빌리지 않고 스스로 디자인할 수 있음을 의미한다. 예를 들어, 평소 창의력이 부족하다고 느끼는 사람은 천장을 높게, 집중력이 떨어지는 사람은 천장을 낮게 설계하면 될 것이다.

물론 가상공간 디자인 변화에 따른 인간의 반응을 분석한 연구는 아직 초기 단계다. 결과도 혼재되어 있어 지금 당장 과감한 변화를 시도하기에는 위험이 존재한다. 하지만 이들 연구가 출발점이 되어 개인과 기업이 자신에게 적합한 공간을 만들어나갈 수 있

메타 퀘스트 프로를 이용한 건물 짓기 (출처: 메타)

도록 변화의 계기를 제공하리라는 점에서는 충분히 의미가 있다. 그동안 별 관심을 두지 않았던 가상공간의 천장 높이, 유형, 개방감에 좀 더 관심이 가지 않는가? 또한 다양한 메타버스 플랫폼을 민간 기업뿐 아니라 여러 공공기관이 고객을 만나는 새로운 공간으로 적극 활용하고 있는 현재 추세를 보면, 학계 연구들도 현실의 필요를 반영해 지금보다 훨씬 더 활발해지리라 기대해본다.

3장

메타버스에서
고객 만족 디자인하기

자리 배치 형태에 따라 설득 효과가 달라진다

앞서 살펴본 천장의 높이, 유형, 개방성이 같은 조건에서도 공간을 차지하는 대상(사람, 물건 등)을 어떻게 배치하는지에 따라 인간의 생각과 행동은 달라질 수 있다. 심리학자들은 오래전부터 회의 참석자들의 자리 배치가 무의식적으로 설득 효과에 영향을 미칠 수 있다고 주장해왔다. 2013년 주Zhu 교수 연구팀은 회의실의 자리 배치(각진 배치와 원형 배치)에 따라 서로 다른 유형의 사회적 욕구가 자극되어 효과적인 설득 메시지의 유형에 차이가 발생할 수 있음을 보여주는 연구 결과를 발표했다.[8] 즉, 원형 자리 배치에서는 소속감의 욕구가 증가해 자신보다는 가족 중심, 소수보다는 다수 중심의 설득 메시지에 더 긍정적으로 반응하게 되는 반면, 각진 자리 배치에서는 독특함의 욕구가 증가해 반대 메시지에 더 긍정적으로 반응하게 된다.

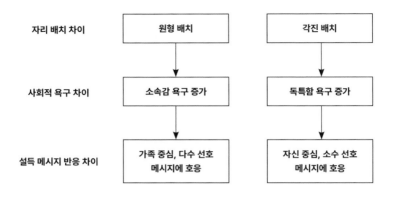

자리 배치 차이	원형 배치		각진 배치
사회적 욕구 차이	소속감 욕구 증가		독특함 욕구 증가
설득 메시지 반응 차이	가족 중심, 다수 선호 메시지에 호응		자신 중심, 소수 선호 메시지에 호응

앉는 자리가 의사를 결정한다

이제 이 연구의 구체적인 실험 방법 및 분석 결과를 살펴보자.* 먼저 실험 참가자를 두 그룹으로 나누어 각각 원형 또는 각진 자리 배치의 회의실에 착석하도록 했다. 그러고 나서 두 유형의 휴가예약 사이트 광고 메시지(가족 중심 메시지와 자아 중심 메시지) 가운데 하나를 보여주었다.**

---

* 자리 배치에 따른 사회적 욕구의 차이는 논문 사전조사pilot test에서 확인되었으며, 이 책에서는 사전조사 결과를 생략하고 자리 배치에 따른 설득 메시지 반응 차이만 소개한다.

** 자리 배치 형태에 상관없이 의자들의 간격은 2피트로 동일하게 배치되었다. 실험 참가자가 앉은 자리이외 빈 자리에 공모자들이 실제로 앉았는지에 대한 정보는 논문에서 확인되지 않는다.

가족 중심 메시지 : 당신에게 소중한 사람들에게 특별한 기억을 선물하세요. 당신의 가족, 친구들과 함께 특별한 시간을 보내세요.

자아 중심 메시지 : 당신이 혼자 오랫동안 바라온 것들로 스스로를 보상해주세요.

이후 참가자는 광고의 설득 효과(얼마나 흥미롭고, 주의를 끌며, 설득력이 있고, 여행지로 가고 싶게 만드는지)를 평가하였다. 자리에 따라 설득 효과에 차이가 있었을까? 분석 결과 원형 자리 배치의 경우 가족 중심 광고가, 각진 자리 배치의 경우 자아 중심 광고가 더 긍정적인 효과를 발휘했다. 이는 원형 자리 배치에서는 사회적 소속감에 대한 욕구가 증가하여 자신보다는 가족에 초점을 둔 메시지에 더 긍정적으로 반응하는 반면, 각진 자리 배치에서는 남들과 다른 독특함을 표현하고자 하는 욕구가 증가하여 가족보다는 자아 중심 광고에 더 긍정적으로 반응했기 때문으로 해석할 수 있다.

이번에는 설득 메시지의 유형을 바꾸어 자리 배치 유형이 다수 선호 메시지와 소수 선호 메시지 간 설득 효과에 차이를 가져오는지 확인하는 추가 실험을 진행했다. 참가자를 두 그룹으로 나눈 후 다수 선호 또는 소수 선호 메시지를 담은 지역 박물관 인쇄 광고에 대한 평가를 비교하였다.

다수 선호 메시지 : 이전 연구에서 약 90퍼센트의 참가자가 이 광고를 좋

아했다.

소수 선호 메시지 : 이전 연구에서 약 10퍼센트의 참가자 이 광고를 좋아했다.

자리 배치 형태에 따라 광고를 어떻게 평가하는지 차이를 비교 분석한 결과, 원형 자리 배치에선 다수가 선호하는 광고를, 각진 자리 배치에선 소수가 선호하는 광고를 더 긍정적으로 평가했다.

한편 각진 자리 배치 방법도 개방형과 폐쇄형으로 구분해볼 수 있다. 따라서 개방형 각진 배치와 폐쇄형 각진 배치 사이에 차이가 없는지를 확인할 필요가 있다. 또한 같은 자리 배치 형태라 할지라도 앉는 자리의 위치(끝자리 또는 중간 자리)에 따라서도 인간의 생각과 행동에 차이가 생길 수 있다. 이를 확인하고자 추가 실험을 진행한 결과 개방형 각진 배치와 폐쇄형 각진 배치 간에 차이

개방형 각진 자리 배치(왼쪽)와 폐쇄형 각진 자리 배치(오른쪽)

가 없었고, 끝자리인지 중간 자리인지에 따른 차이도 없었다. 즉, 각진 자리 배치는 유형과 앉는 위치에 상관없이 소수 선호 메시지 (다수 선호 메시지 대비)를 활용한 광고에 더 긍정적인 평가를 내렸다.

그런데 사실 우리가 이용하는 대부분의 회의실에는 의자만 놓여 있지 않고, 가운데에 테이블이 존재한다. 그렇다면 테이블의 존재는 앞서 살펴본 연구 결과에 어떤 차이를 발생시키는지 확인이 필요하다. 먼저 참가자를 두 그룹으로 나누어 원형 또는 각진 배치로 된 회의실에 각각 착석하도록 했다. 이때 회의실은 테이블이 있는 곳과 없는 곳으로 추가로 나뉘었다. 즉, 참가자는 네 조건 중 하나로 분류되었다(그림 참조). 이후 두 커피숍(키라Keera와 로질린Rosylin)

배치와 테이블 유무에 따른 네 개의 공간 유형

의 10달러 기프트 카드에 대한 선호도를 평가하게 하였는데, "이전 연구 결과 150명 중 128명이 키라를, 22명이 로질린을 선택했다"와 같은 타인의 선택 정보를 제공하였다. 이는 다수 선호 또는 소수 선호*에 따른 반응의 차이를 비교하기 위함이었다. 그 결과 테이블의 존재 여부에 상관없이 각진 자리 배치에서는 소수가 선호하는 로질린의 기프트 카드를, 원형 자리 배치에서는 다수가 선호하는 키라의 기프트 카드를 더 선호했다.

지금까지 설명한 연구 결과를 요약하면 다음과 같다. 우리가 그동안 큰 관심이 없었던 공간의 자리 배치는 생각보다 의사결정에 중요한 영향을 미칠 수 있다. 이는 자리 배치 형태가 서로 다른 사회적 욕구를 자극할 수 있기 때문이다. 즉, 원형 배치는 소속감의 욕구를, 각진 배치는 독특함의 욕구를 자극할 수 있다. 그 결과 원형 배치에서는 가족 중심, 다수 선호를 강조한 설득 메시지에 더 긍정적으로 반응하는 반면, 각진 배치에서는 자아 중심, 소수 선호를 강조한 설득 메시지에 더 긍정적으로 반응한다. 한편 자리 배치의 효과는 개방형인지 폐쇄형인지, 어떤 위치에 앉는지, 가운데 테이블이 놓여 있는지에 따른 차이는 없다.

현실세계에서 공간, 특히 회의실의 자리 배치는 대체로 고정되어 있고 회의 내용과 설득 메시지 유형에 따라 쉽게 바꿀 수 없다.

---

* 두 브랜드 각각에 대한 다수와 소수 선택 정보를 바꾸어('키라-소수', '로질린-다수' 또는 '키라-다수', '로질린-소수'와 같이) 결과를 비교하였다.

호라이즌 워크룸(위)과 마이크로소프트 메쉬(아래)의 가상 회의 공간

하지만 가상공간은 얘기가 다르다. 위의 사진에서 보이는 원형으로 자리를 배치한 호라이즌 워크룸이나 각진 형태로 자리를 배치한 마이크소프트의 메쉬mesh 플랫폼에서는 현실세계와 달리 자리 배치 방법을 쉽게 변경할 수 있다. 따라서, 이미 다수결의 원칙으

로 정해진 결론을 회의 참석자들에게 설득력 있게 전달할 때에는 가상공간의 자리 배치를 원형으로 바꾼다거나, 다수의 의견에 휩쓸리지 않고 소수의 다양한 의견과 창의적인 아이디어가 필요한 안건을 논의할 때에는 자리 배치를 각진 형태로 바꾸는 것이 얼마든지 가능하다. 이는 가상공간의 디자인이 회의 참여자들의 의사결정에 무의식적인 영향을 미칠 수 있음을 의미한다.*

사실 가상세계에서 회의실의 자리를 원형 혹은 각진 배치로 단순 이분화하는 것은 현실적이지 않다고 지적할 수도 있다. 각진 배치를 사각형이 아닌 삼각형 모양으로 만드는 것도 얼마든지 가능하다. 그렇다면 삼각형 배치는 사각형 배치보다 독특함의 욕구를 더 자극하여 자아 중심적이고 소수가 선호하는 설득 메시지에 더 긍정적으로 반응하도록 할까? 이러한 궁금증을 해결하기 위해 최근 LG인화원의 지원을 받아 PC 기반의 비몰입형 가상현실 플랫폼인 게더타운에 원형, 사각형, 삼각형의 회의실을 만든 후 실험을 진행하였다.** 그 결과 삼각형 배치는 사각형보다 더 각지다고 인식하기보다 오히려 원형에 가깝게 인식했다. 즉, 삼각형 배치는 독특함의 욕구와 소수 선호 설득 메시지에 대한 긍정적 반응이 사각형과 원형의 중간 정도로 나타났다.

---

* 회의 참여자들이 자리 배치의 무의식적 영향을 미리 인지한다면 어떨까? 의도적으로 영향을 회피하고자 노력할 경우 우리가 예측한 결과가 발생하지 않을 가능성도 배제할 수 없다.

** LG인화원의 '가상세계에 대한 심리적 접근'이란 MSG 학습 모임에서 단국대 민동원 교수 및 참여자들과 함께 실험 프로젝트를 수행하였다.

한편 모든 참가자가 아바타로 회의에 참여할 수도 있지만 가운데 스크린을 통해 일부 참가자만 실제 모습으로 회의에 참여하는 상황도 얼마든지 가능하다. 이 경우에도 자리 배치의 효과는 유지될까? 당신이 만약 원형으로 배치된 자리에 앉아 회의에 참여하

일부 참여자만 실제 모습으로 참여한 가상회의(위)와 대학 강의실 형태의 자리 배치 (아래) (출처: 메타)

지 않고 가운데 격자 형태로 된 스크린으로 참여한다면 오히려 각진 자리 배치 효과가 나타나지는 않을까? 원형 배치도 각진 배치도 아닌 대학 강의실 형태의 자리 배치는 어떨까? 안타깝게도 아직까지는 이러한 질문의 답을 과학적 근거에서 찾기가 쉽지 않다.

자리 배치만큼 중요한 '옆 사람'

최근에는 자리 배치가 설득 효과뿐 아니라 창의적 사고(천장의 높이처럼)에 영향을 미친다는 연구 결과가 발표되었다.[9] 황지영 교사 연구팀은 비대면으로 초등학교 교실의 유형을 시험 대형, 모둠 대형, U자 중심 대형으로 구분한 후(그림 참조), 자리 배치 유형과 자리 위치 선호(앞자리, 중간 자리, 뒷자리)에 따라 창의적 사고력에 차이가 나타나는지 분석하였다. 창의적 사고력은 제시된 그림을 보고 아이디어를 도출하는 '아이디어 생성력'과 그림을 보고 떠오르는 단어

자리 배치에 따른 교실 유형

를 얘기하는 '원격 연합력'으로 측정했다.

그 결과 U자 중심 대형이 모둠 대형보다 아이디어 생성력이 높았다. 그 이유는 U자 중심 대형이 가진 개방성이 관계 지향적이며 통합적인 사고에 도움이 될 뿐 아니라, 구성원 간 자유로운 소통을 가능하게 하는 연결성을 지니기 때문이다. 또 다른 흥미로운 결과는 U자 중심 대형에서 뒷자리를 선호하는 학생이 시험 대형과 모둠 대형에서 뒷자리를 선호하는 학생에 비해 원격 연합력이 높았다는 점이다. 이는 시험 대형과 모둠 대형에서는 앞자리가 교사와 활발히 소통하고 수업에 적극 참여하려는 학생들이 선호하는 공간, 즉 액션존action zone인 데 반해 U자 중심 대형은 뒷자리가 액션존이기 때문이다. 학습 동기가 높으면 창의적 사고에 도움이 된다는 기존 연구를 고려할 때 예상할 수 있는 결과이다.

이처럼 자리 배치의 효과를 논할 때에는 원형 배치와 각진 배치 이외에 공간의 용도에 따른 다양한 배치 방법을 고려할 필요가 있다. 또 참가자가 누구인지, 어떤 목적을 가진 공간인지에 따라 효과적인 자리 배치가 달라질 수 있음을 기억해야 한다.

자리 배치 효과에만 지나치게 몰입하다 보면 간과하기 쉬운 지점이 있다. 바로 자리 배치 방법 못지 않게 옆자리에 누가 앉는지가 업무 성과에 매우 중요한 영향을 미친다는 점이다.[10] 사람은 누구나 강점과 약점이 있기 마련이다. 예를 들면, 제조업 근로자의 경우 생산량은 많아도 제품의 품질이 다소 떨어질 수가 있다. 이

때 생산성이 높은 사람과 고품질의 제품을 생산하는 사람이 나란히 앉으면 서로에게 자극을 주어 두 사람의 성과가 개선될 수 있다. 반대로 서로의 약점에 물들지 않을까 우려할 수 있지만, 연구 결과에 따르면 장점은 전이가 쉬우나 약점은 전이가 잘 되지 않는다. 이는 자리 배치 형태와 더불어 어떤 사람을 어디에 앉힐지도 매우 중요함을 말해준다. 특히 잠깐 모여서 하는 회의가 아니라 지속적으로 업무를 수행하는 공간에서의 자리와 사람 배치는 업무 성과에 매우 중요한 영향을 미칠 수 있어 신중한 결정이 필요하다.

소비자를 만족시키는
맞춤형 가상스토어 레이아웃

공간 배치 효과에 대한 또 다른 주제로 가상스토어의 레이아웃을 생각해보자. 가상세계에 구현할 수 있는 매장 레이아웃에는 어떤 유형이 있을까? 매장 레이아웃 유형에 따라 소비자의 쇼핑 행동이 달라질까? 2018년 크라소니콜라키스Ioannis Krasonikolakis 교수 연구팀이 발표한 연구 결과는 이와 관련된 궁금증을 어느 정도 해결해준다.[11]

이들은 먼저 3D 가상스토어의 레이아웃 유형을 분류하기 위해 가상스토어 전문가 24명을 대상으로 델파이 연구Delphi Study*를 진행하였다. 그 결과 총 다섯 가지 유형을 도출하였는데, 이는 아방가르드 매장avant-garde, 창고형 매장warehouse, 실용적 매장

---

* 델파이 기법은 소수의 전문가를 대상으로 여러 차례 설문조사를 진행하여 합의점에 도달하는 방법을 의미한다. 예를 들어, 첫 번째 설문에서 취합한 내용을 최초 응답자들에게 다시 전달하고, 이에 대한 응답을 취합하여 다시 전달하는 방식으로 의사결정의 합의를 끌어내는 정성적 분석 방법이다.

매장 유형	특성
아방가르드 매장	· 매장 중앙에 전시, 모델 위한 별도 공간 구성(구매 선택 도움) · 다양한 색의 벽지 · 돌아다니기 쉬움
창고형 매장	· 그리드 레이아웃 · 긴 복도식 설계 · 제품 간 비교 용이 · 통로가 많아 돌아다니기 불편함
실용적 매장	· 실용성 최우선 · 모델, 전시, 장식 없음 · 통행 편리 · 구현은 쉬우나 실재감은 낮음
부티크 매장	· 자유로운 형식의 레이아웃 · 장식, 전시가 많아 돌아다니기 불편 · 볼거리가 많고 재미있음
백화점	· 실제 백화점과 유사 · 작은 상점들을 방문하며 구경하기 최적화 · 다양한 볼거리, 쇼핑의 즐거움

가상스토어의 레이아웃 유형과 특성

pragmatic, 부티크 매장 boutique, 백화점 department 이다. 각 레이아웃의 유형별 특성을 정리하면 위의 표와 같다.

취향을 저격하는 매장 레이아웃

실험은 참가자들에게 다섯 유형의 레이아웃을 각각 설명하는 동영상을 약 2분간 보여준 후, 예상되는 쇼핑 경험에 대한 설문에 응답하도록 하는 방식으로 진행되었다.* 유형 간 비교 분석 결과, 쇼핑의 즐거움은 부티크 매장, 백화점, 아방가르드 매장이 상대적으로 높았고, 창고형 매장과 실용적 매장은 낮았다.** 다음으로 매장 이동의 편의성에 있어서는 아방가르드 매장, 실용적 매장이 부티크, 백화점, 창고형 매장에 비해 상대적으로 높았다.

이 연구는 탐색적 연구로 가상스토어의 레이아웃이 쇼핑 경험에 영향을 미칠 수 있음을 보여주었으나 그 이유를 이론적으로 설명하지 못한 한계가 있다. 그럼에도 다섯 가지 유형의 레이아웃을 제안함으로써, 향후 연구에서 가상스토어 유형을 분류할 기준을 제공하였다는 점에 의의가 있다. 또한 가상스토어를 기획하고 있는 기업에 유용한 인사이트를 제공한다. 즉, 기업은 다양한 레이아웃의 가상스토어를 구축한 후 소비자의 구매 동기와 패턴에 적합한 유형의 매장을 제시하는 전략을 검토할 필요가 있다.

---

* 다양한 레이아웃의 가상스토어를 제작하여 참가자들이 실제 경험하도록 한 후, 설문을 진행했더라면 결과 해석에 타당성이 더 높았을 것으로 보인다.

** 아방가르드 매장의 경우, 창고형 매장과 실용적 매장보다 높게 나타났으나 통계적으로 유의한 차이는 아니었다.

예를 들어, 빠른 시간에 원하는 제품을 구매하려는 실용적 소비 성향utilitarian motivation 을 가진 소비자에겐 매장 이동의 편의성이 쇼핑의 즐거움보다 상대적으로 중요할 수 있다. 따라서 이들에게는 아방가르드 매장과 실용적 매장에서 쇼핑할 수 있도록 하는 편이 유리하다. 반면, 매장 곳곳을 누비며 다양한 쇼핑 경험을 즐기고 싶어하는 쾌락적 소비 성향hedonic motivation 을 가진 소비자에겐 더 풍부한 경험적 가치를 제공할 수 있는 부티크 매장, 백화점, 아방가르드 매장이 효과적일 수 있다.

한편 소비자의 쇼핑 동기뿐 아니라 매장에서 판매하는 제품 유형에 따른 레이아웃 변경도 고려할 필요가 있다. 예를 들어 의약품을 주로 판매하는 대형 약국에서는 장난감 가게에서보다 원하는 제품을 빠르게 구매하려는 실용적 소비를 할 가능성이 높으므로 매장 이동의 편의성이 높은 레이아웃을 제공할 필요가 있다.

LG전자 베스트샵Best Shop 을 PC 기반 메타버스 플랫폼인 게더타운에 구현한 후 10여 명의 참가자에게 실제 이곳에서 쇼핑한다고 생각할 때 어떤 점이 개선되어야겠는지 의견을 받아본 적이 있다. 옆의 그림에서 볼 수 있듯이 매장 레이아웃과 제품 배치는 실제 매장과 최대한 유사하게 만들 수 있었지만 구현하기 어려운 부분도 분명 있었다. 우선 여러 층이 아닌 단일 층만 운영이 가능했다. 물론 단일 층으로 운영되는 오프라인 가전 매장도 있지만, 대다수의 전자제품 매장이 여러 층에 제품을 구분하여 비치한다. 예를 들어 1층은 핸드폰, 2층은 대형 가전으로 분리하는 식이다.

가상스토어에서 층별 구분이 힘든 경우, 모든 제품을 단일 층에 비치해야 하므로 평면으로 규모가 매우 커지는데, 이는 소비자가 원하는 제품이 비치된 곳을 찾는 데 소요되는 시간과 노력이

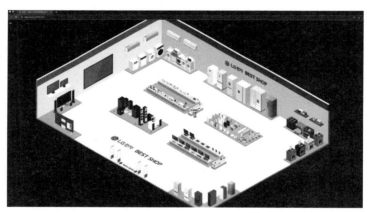

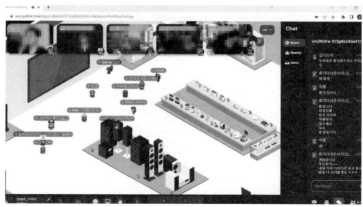

LG 베스트샵이 게더타운에 구현한 가상스토어

높아짐을 의미한다. 실제로 참가자들에게 특정 제품이 있는 곳 앞으로 모이라고 했을 때 어느 곳인지 몰라 갈팡질팡하는 모습을 볼 수 있었다. 이는 바둑판 같은 그리드 형태의 창고형 매장이 이동에 매우 불편한 탓일 수 있다. 소비자가 원하는 제품을 찾는 수고를 덜어주기 위해 실제 매장에서는 천장에 이정표를 달아 길을 안내하지만, 가상공간에서는 천장이 노출되지 않는다.

그렇다면 바닥에 원하는 제품이 비치된 곳을 쉽게 찾을 수 있도록 이정표를 제시하는 방법이 바람직할까? 어쩌면 가상세계의 이점을 십분 발휘하여 원하는 곳으로 '순간이동'할 수 있는 기능을 제공하는 쪽이 더 효과적일지도 모른다. 이는 앞서 말한 부티크, 백화점 레이아웃의 단점인 이동의 불편함을 해소해줄 수 있을 것이다. 하지만 그 경우 이들이 가진 쇼핑 과정의 즐거움도 함께 사라질지 모른다. 물론 아바타가 실제로 매장 곳곳을 돌아다니며 쇼핑하는 것이 쇼핑 경험에 더 긍정적인지는 추가 연구를 통해 확인해볼 필요가 있다.

'강요'와 '추천'을 구분하라

기업은 현실세계와 달리 가상공간에서 디자인 변경이 상대적으로 쉽다는 장점을 십분 활용할 필요가 있다. 하지만 부작용에 따르는 위험도 함께 고려해야 한다. 특히 레이아웃 변경을 고려할 때 주의할 점이 있다.

최근 연구 결과에 따르면, 소비자가 자신의 쇼핑 행동에 영향을 주기 위해 기업이 의도적으로 쇼핑 환경을 조작했다고 인식하면, 매장 평가가 부정적으로 바뀔 가능성이 있다.[12] 따라서 기업이 마음대로 변경한 레이아웃을 소비자에게 강요하기보다는 적합한 레이아웃을 추천한 후 소비자가 선택하도록 제시하는 방향이 바람직할 수 있다.

VR 기기를 쓴 소비자가 가상스토어 입구에서 자신이 원하는 매장 레이아웃을 선택하고 매장에 입장하여 쇼핑을 즐기는 모습을 볼 날이 곧 오지 않을까? 여러 VR 기기(HMD, 신체 동작 감지 센서 body tracking sensor 등)가 상용화되고 기업에서 더 많은 데이터 수집이 이루어진다면, 가상공간의 모든 디자인이 개별 소비자에게 맞춤형으로 제공될지도 모른다.

사람을 모으는
메타버스 브랜딩

메타버스 공간 디자인 전략: 소비자와 브랜드

4장
가상스토어에서도
감각 마케팅이 가능할까?

오프라인 매장과 가상스토어의
오감 비교 체험

앞서 1장에서 가상세계에서의 경험에 영향을 미치는 중요한 두 요인이 실감형 몰입과 상호작용이라고 설명하였다. 그렇다면 이 두 항목에서 오프라인 스토어와 가상스토어(비몰입형 혹은 몰입형)에서의 쇼핑 행동은 어떤 점에서 유사하고 또 어떤 점에서 차이가 날까? 오프라인 공간에서의 구매 의사결정 과정이 가상공간에서는 어떻게 달라질까? 오프라인 매장을 그대로 구현한 몰입형 가상스토어를 구축한다면 소비자의 구매 행동은 동일할까?

충동구매를 생각해보자. 몰입형 가상스토어는 인간의 의사결정에 필요한 대부분의 정보를 제공하는 시각과 청각 정보를 효과적으로 전달할 수 있다는 점에서 오프라인 매장과 유사하다. 하지만 현재의 기술로 미각과 후각 정보를 전달하기란 거의 불가능하며 촉각 정보의 전달도 매우 제한적이다. 전체 소비자 구매 가운데 70퍼센트 이상이 충동구매인데, 충동구매는 몰입형 가상스토어가 제대로 전달하지 못하는 미각, 후각, 촉각의 영향을 많이 받는 다고 알려져 있다. 길거리에서 빵 냄새를 맡고 쉽게 지나치지 못 하거나, 마트에서 시식한 후 계획에 없던 제품을 카트에 담는 일 은 흔하다. 또한 만져본 물건이 마음에 들 때 제자리에 두고 돌아 서기는 쉽지 않다. 이처럼 오프라인 스토어와 가상스토어에서 소 비자에게 전달할 수 있는 감각 정보의 유형과 깊이에는 분명히 차 이가 존재한다. 따라서 쇼핑 공간의 차이에 따라 소비자의 행동이 어떻게 변화하는지에 관한 분석은 흥미로운 주제가 될 것이다.

가상스토어에서 소비자의 구매는 어떻게 달라지는가

2019년 알렉산더Alexander 박사 연구팀은 뉴질랜드에서 실제 편 의점과 거의 동일한 몰입형 가상스토어를 구현한 후, 쇼핑 행동 (PBPrivate Brand 제품 구매율, 진열 위치 효과, 성별에 따른 쇼핑 금액과 시간의 차 이, 충동구매 비율)이 오프라인 스토어와 다른지를 분석한 실험 결과 를 발표하였다.[13] 실험 참가자들은 VR 기기를 착용한 후 실제 크 기의 제품을 일대일로 구현한 가상편의점에서 1인칭 시점으로 제 품을 구매했다(그림 참조).

먼저 연습 기간을 거쳐 VR 기기 사용에 익숙하도록 한 후,* 친 구 또는 가족이 손님을 맞이해야 하는 상황에서 근처 편의점에서

VR 기기를 착용하고 몰입형 가상현실에서 쇼핑하는 실험 참가자

필요한 항목을 쇼핑하는 시나리오를 제공했다. 아이스크림 등 몇 개 필수 구매 항목을 제시하고, 추가 구매할 수 있는 제품과 쇼핑 시간에는 자율성을 부여하였다. 전문가의 도움을 받아 가상편의점에는 실제 편의점에서 판매되는 것과 동일한 15개 식품 카테고리(항목별 3~8개 브랜드)의 제품을 상온 또는 냉동 칸에 진열하고, 헤드셋을 통해 실제 쇼핑 현장과 유사한 소음(냉장고 기계음, 문 여닫는 소리, 계산대 등)을 들려주었다.

가상편의점에서의 쇼핑 행동을 분석한 결과는 다음과 같다. 첫째, PB 구매 비율이 15.3퍼센트로 나타났는데, 이는 뉴질랜드

---

* 몰입형 가상현실 연구에서는 실험 참가자가 새로운 기술과 기기를 경험한다는 사실에 흥분하여 연구 결과가 왜곡되는 것을 방지하기 위해, 실험 이전에 연습 기간을 거치는 것이 일반적이다.

의 오프라인 편의점(14~17퍼센트)과 유사한 수준이다. 또한 PB 구매 비율은 아이스크림, 포테이토칩, 크래커, 비스킷과 같은 쾌락재 hedonic goods보다는 구운 콩과 같은 실용재 utilitarian goods에서 높게 나타났는데,* 이는 실용재보다는 쾌락재에 프리미엄을 지불할 의향이 높다는 기존 연구 결과와 일치한다. 다음으로 진열 위치 효과를 분석한 결과, 오프라인 매장과 동일하게 냉동과 상온에 상관없이 눈높이 진열에서 구매 비율이 가장 높았다. 구체적으로, 바닥부터 눈높이까지 진열대의 높이가 높아질수록 구매 가능성은 증가하였다. 이는 가상스토어에서도 진열 위치 효과가 나타남을 의미한다.

다음으로 성별에 따른 쇼핑 금액, 쇼핑 시간, 탐색 시간을 비교 분석하였다. 먼저 오프라인 쇼핑과 동일하게 여성이 남성보다 쇼핑 금액이 높고, 쇼핑 시간이 길었다. 하지만 통계적으로 유의한 정도의 큰 차이는 아니었다. 반면 구매 전 탐색 시간은 여성이 남성보다 통계적으로 유의하게 길었다. 특히 크래커와 아이스크림의 경우, 가상의 브랜드를 진열대에 각각 하나씩 추가하였는데 이를 탐색하는 데 소요된 시간이 다른 브랜드에 비해 상대적으로 길었다. 이는 친숙하지 않은 브랜드를 탐색하는 시간이 상대적으로

---

* 일상의 문제를 해결하기 위해 반드시 필요한 제품을 실용재, 일상 생활에 반드시 필요하지는 않지만 있으면 쾌락적 즐거움과 재미를 줄 수 있는 제품을 쾌락재라 칭한다. 단, 같은 제품이라 할지라도 소비자의 구매 동기에 따라 분류는 달라질 수 있다. 예를 들면, 집을 구매할 때 멋진 전경을 추구한다면 쾌락재에 해당되는 반면, 교통의 편리함을 추구한다면 실용재에 해당될 수 있다.

길게 나타난 오프라인 스토어 연구 결과와 동일하다.

한편, 충동구매 비율을 분석한 결과 전체 참가자의 약 78퍼센트가 적어도 한 건의 충동구매를 했다. 오프라인 스토어에서 진행한 기존 연구에서 나타난 93퍼센트에는 미치지 못하나, 가상스토어에는 후각, 미각, 촉각 등 충동구매를 자극할 여러 감각 요소가 없음에도 여전히 높은 충동구매가 발생함을 보여준 흥미로운 결과였다.

이러한 실험 결과는 감각 정보의 제한이 있는 가상스토어에서의 쇼핑 행동이 오프라인 스토어와 분명 차이가 있을 것이라는 예측과 달리 대부분의 행동 패턴이 유사함을 보여준다. 이는 가상스토어를 설계하고 운영하기 전 마케팅 전략을 수립할 때, 오프라인 스토어 운영으로 확보한 기존 데이터와 마케팅 인사이트를 출발점으로 활용할 수 있음을 의미한다. 예를 들면, 몰입형 가상스토어에서도 오프라인 스토어와 동일하게 눈높이 진열 효과가 발생했다. 그런데 쇼핑객의 키 차이(아이와 어른의 키 차이처럼)를 반영한 눈높이 진열이 어려운 오프라인 스토어와 달리, 몰입형 가상스토어에서는 개개인에게 맞춘 눈높이 진열이 가능하다는 점에서 눈높이 진열 효과를 활용한 마케팅 전략이 오프라인보다 더 효과적일 수 있다.

한편 최근 출시되고 있는 몰입형 가상체험용 VR 기기들은 후각 정보 전달이 어느 정도 가능해졌다. 따라서 오프라인 스토어 대비 약점으로 일컬어지던 멀티 감각 정보를 활용한 마케팅도 머지않아 가능해질지도 모른다.* 예를 들어 CES 2023**에서는 미국 스타트업 기업인 OVR 테크놀로지OVR Technology가 후각 정보를 느낄 수 있는 실감형 VR 기기를 선보여 큰 화제가 되었다. 사용자가 HMD를 통해 보는 공간의 냄새를 기기 아래 분출구에서 뿜어주는 방식이다. 체험자들은 장작에 굽는 마시멜로의 달콤한 향이 그대로 느껴지고, 장소를 이동하니 향이 옅어져 몰입감이 높아졌다고 말한다.[14] 가상스토어에서 빵 굽는 냄새를 맡고 나도 모르게 카트에 담고 결제하면 30분 후 배달원이 우리 집 초인종을 누르는 경험을 하게 될 날이 올지도 모르겠다.

다만 이 연구 결과는 매우 흥미롭기는 하지만, 모든 유형의 리테일 매장에 적용할 수 있다고 생각해서는 안 된다. 편의점 쇼핑과 달리, 대형마트나 백화점의 경우에는 일반적으로 더 오랜 시간 머무르고 다양한 품목을 구매하는데, 이때 VR 기기를 오래 착용

---

*   2011년 전 세계 7,000명의 젊은이를 대상으로 후각과 디지털 디바이스 또는 SNS 플랫폼 중 어느 것을 포기할 것인가를 물었을 때, 약 53퍼센트가 후각을 포기하겠다고 대답했다. 이처럼 후각이 다른 감각에 비해 크게 중요하지 않은 감각이라는 인식이 높지만, 마케팅 관점에서 후각은 정서와 직접 관련이 있다는 점에서 차별화를 위한 도구로 매우 주목받고 있다. 예를 들어, 브랜드와 관련된 기억들을 소환할 수 있는 시그니처 향기를 개발하는 것이다. 출처: 로베르트 뮐러-그뤼노브, 송소민 옮김, 《마음을 움직이는 향기의 힘》, 아날로그, 2020, pp. 30-31.

**   CESConsumer Electronics Show는 매년 라스베이거스에서 열리는 세계 최대 가전제품 박람회이다. 하지만 최근에는 가전 박람회를 넘어 테크 기업들이 미래 기술을 공개하고 함께 협업하기 위한 이벤트로 주목받고 있다. 같은 맥락에서 미 가전협회 회장인 게리 샤피로Gary Shapiro는 CES가 단순한 신제품 전시회가 아닌 "거대한 아이디어를 만드는 플랫폼"이라고 말했다. 2023년 행사에서는 특히 다양한 IT 기업들의 메타버스 기술이 큰 관심을 모았다.

하면 쇼핑의 피로감이 커질 수 있다.

덧붙여 이 실험에서 성별에 따른 쇼핑 시간의 차이가 유의하게 나타나지 않은 이유는 VR 기기가 주는 감각적 불편함에 영향을 받았기 때문일 가능성도 있다. 2019년 마르티네즈 나바로Martinez-Navarro 박사 연구팀은 매장을 두 가지 콘텐츠 유형(일반 3D, 360도 입체형 3D)으로 구현하고 세 VR 기기 유형(PC 모니터, 파워월,* HMD)을 이용해 체험하도록 한 후, 유럽 소비자의 맥주 쇼핑 경험에 차이가 발생하는지 분석하였다.[15] 그 결과 오프라인 쇼핑에 비해 VR 기기를 이용한 쇼핑이 감각적 불편함이 큰 것으로 나타났으며 특히 HMD를 이용한 쇼핑의 경우 불편함을 느끼는 정도가 확연히 높았다. 따라서 향후 연구에서는 쇼핑객들이 VR 기기 사용에 얼마나 피로감을 느꼈는지를 측정하여 이 효과를 통제 또는 배제할 필요가 있다.

---

* 파워월Powerwall은 UHD의 대형 스크린을 의미한다. 가상현실을 체험할 수 있는 기기는 앞서 언급된 세 가지 유형 이외에도 몰입형 큐브Immersive cubes가 있다.

상상이 현실이 되는 쇼핑 환경,
고객 구매를 유도하다

2020년 롬바르트Lombart 교수 연구팀은 오프라인 스토어, 비몰입형 가상스토어, 몰입형 가상스토어에서 과일과 야채를 구매하는 소비자의 구매 의사결정 프로세스에 어떤 차이가 있는지를 분석하였다.[16] 비몰입형 가상스토어는 PC 기반의 3D 이미지로 구현된 스토어를, 몰입형 가상스토어는 HMD를 착용한 후 경험하는 360도 입체 스토어를 의미한다. 과일과 야채는 시간이 지나면 상태가 변하기 때문에 오프라인 스토어에서 실험을 진행해 소비자 행동을 연구하기가 쉽지 않다. 따라서 가상스토어에서의 소비자 구매 의사결정 과정이 오프라인 스토어와 유사하다면, 가상스토어를 활용한 연구는 매우 효과적인 대안이 될 수 있다.

일반적으로 과일과 야채를 구매하는 소비자는 외관상 보기 좋고, 품질이 좋아 보이고, 가격이 적절한 제품에 긍정적 평가를 한다. 즉, 소비자는 이러한 특성을 갖는 과일과 야채를 더 맛있고(쾌

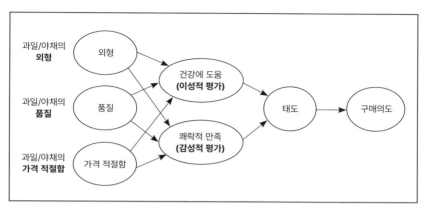

과일과 야채의 소비자 구매 의사결정 과정

락적 만족), 건강에 도움이 된다고 생각하여 긍정적인 태도와 행동을 보일 가능성이 높다. 이러한 구매 의사결정 과정을 정리하면 위의 그림과 같다. 하지만 쇼핑 환경(오프라인, 몰입형·비몰입형 가상스토어)이 변한다면, 소비자의 구매 의사결정 과정이 달라질지도 모른다. 연구자들은 이를 확인하고자 다음과 같은 실험을 진행하였다.

쇼핑 환경에 따른 구매 의사결정 과정 변화

먼저 참가자들을 쇼핑 환경에 따라 세 집단(몰입형 가상, 비몰입형 가상, 오프라인 매장)으로 구분한 후, 다음과 같은 가상의 시나리오를 읽도록 하였다. "아마추어 요리사가 당신의 집에 방문하여 당신과 세 친구에게 저녁 식사를 만들어줄 예정이다. 메뉴는 비밀이며, 요리사가 모든 재료를 준비해 올 예정이지만 과일과 야채는 당신이 직접 준비해야 한다. 당신은 네 명 분량의 과일과 야채를 두 종류씩 구매해야 한다." 이후 참가자들은 20유로(약 2~3만 원)를 받고 돈의 전부 또는 일부를 사용해서 쇼핑을 진행했다.

가상스토어 참가자들의 경우 카트에 담은 물건을 계산대에서 결제하면 구매량과 구매액이 기록되었다. 실제 오프라인 슈퍼마켓의 규모(96제곱미터)와 취급 품목이 거의 동일하게 구현된 몰입형 가상스토어를 방문하는 참가자는 HMD(오큘러스 리프트 DK2)를 머리에 쓰고 X-BOX 콘트롤러를 이용해서 1인칭 시점으로 매장을 돌아다니며 쇼핑했다. VR 기기를 이용하여 제품 선택, 줌 인/아웃, 제품 회전, 구매, 제자리에 돌려놓기 등을 할 수 있었다. 반면, 비몰입형 가상스토어를 방문하는 참가자들은 17인치 컴퓨터 스크린에 구현된 3D 이미지의 스토어에서 쇼핑했다. 키보드와 마우스를 이용하여 매장을 돌아다니고, 제품을 선택, 확대, 회전할 수 있었으며 스크롤 기능을 이용해 줌 인/아웃이 가능하도록 했다.

각 매장에서 쇼핑한 참가자들의 응답 내용을 분석해보자. 먼저 오른쪽 그림①과 같이 오프라인 쇼핑 시에는 제품의 외형, 품질, 가격의 공정성이 모두 쇼핑 행동에 중요한 영향을 미쳤다. 한 가지 특이 사항이 있다면 건강에 도움이 되리라 믿는 이성적 평가는 소비자의 태도와 행동에 유의미한 영향을 미치지 못했다. 다음

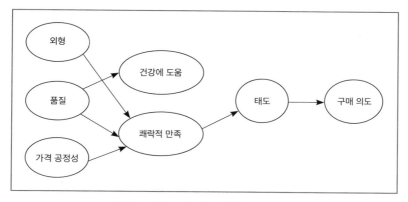

① 오프라인 쇼핑 시 구매 의사결정 과정

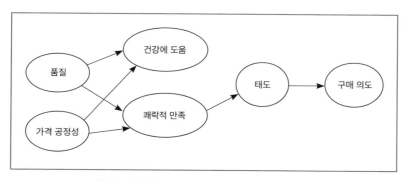

② 몰입형 가상스토어 쇼핑 시 구매 의사결정 과정

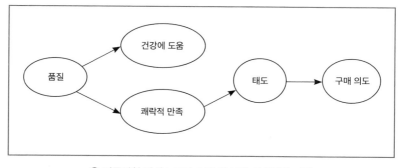

③ 비몰입형 가상스토어 쇼핑 시 구매 의사결정 과정

으로 그림②와 같이 몰입형 매장에서 쇼핑할 때에는 오프라인 쇼핑과 대체로 동일한 반면, 제품의 외형이 소비자의 태도와 행동에 영향을 미치지 못한다는 차이가 있었다. 마지막으로 그림③에서와 같이 비몰입형 매장에서 쇼핑할 때에는 제품의 외형뿐 아니라 가격 공정성도 소비자의 태도와 행동에 영향을 미치지 못했다.

분석 결과를 종합해보면, 우선 과일, 야채 구매는 이성적 평가(건강)보다 감성적 평가(맛)가 태도와 구매 행동에 큰 영향을 미치는 가운데, 비몰입형 가상스토어보다는 몰입형 가상스토어가 오프라인 스토어와 구매 의사결정 과정이 더 유사했다. 이는 오프라인 쇼핑몰에서 소비자 행동 예측이 필요할 때 몰입형 가상스토어에서 실험을 진행하는 편(비몰입형 가상스토어 대비)이 예측의 오류를 줄이는 데 효과적임을 보여준다. 한편 몰입형, 비몰입형에 관계없이 가상스토어 쇼핑에서 과일과 야채의 외형은 중요하지 않았다. 이는 가상스토어에서 과일, 야채를 판매할 계획인 리테일 기업이 제품의 외형을 얼마나 실제와 유사하게 구현할지에 지나치게 많은 노력을 기울일 필요가 없음을 말해준다. 오히려 소비자가 공정하다고 느낄 수 있는 합리적인 가격(단, 몰입형 가상스토어에서만)을 책정하고 고품질이라는 믿음을 주는 것이 더 중요할 수 있다.

추가 분석에서 확인된 한 가지 특이한 점은, 몰입형, 비몰입형에 상관없이 가상스토어에서의 구매량과 금액이 오프라인 스토어보다 높았다는 점이다. 그 이유는 명확하지 않지만, 가상스토어에서는 오프라인 쇼핑과 달리 카트에 담은 물건의 양을 체감하지 못하기 때문일 가능성이 있다. 이를 마케팅 전략에 활용하면, 일반적으로 카트의 크기가 커질수록 구매량이 늘어날 가능성이 높다는 점을 감안해 평소 고객의 구매량을 분석하여 가상스토어의 쇼핑 카트 크기를 조절해주는 것도 좋은 전략이 될 수 있다. 반대로 카트의 크기는 고정해두고 담는 물건의 크기가 작아 보이도록 하는 것도 유사한 효과를 가져오는 대안이 될 수 있다. 물론 이는 과일, 야채에 한정된 실험이므로 모든 제품 카테고리로 결과를 일반화하는 데에는 주의가 필요하다.

VR 체험 효과로 혼잡한 매장 스트레스 극복하기

혼잡한 쇼핑 공간에서 소비자가 느끼는 스트레스를 엔터테인먼트 요소가 가미된 VR 체험이 줄여줄 수 있을까? 아울렛과 같은 할인 매장은 혼잡한 곳이 오히려 저렴한 물건이 많다는 긍정적 이미지를 줄 수 있지만, 대부분의 경우 쇼핑 공간의 혼잡도*는 쇼핑객을 지치고 힘들게 해 매장에 오랫동안 머물지 못하게 한다. 흥미롭게도 최근 VR 체험이 복잡한 유통매장에서 소비자가 겪는 부정적

＊   쇼핑몰의 혼잡도는 일반적으로 두 측면에서 언급된다. 판매 제품들이 좁은 공간에 지나치게 밀도 높게 비치되거나, 많은 소비자가 동시에 방문하는 경우이다. 이 책에서의 쇼핑 혼잡도는 주로 후자를 의미한다.

감정을 감소시킬 수 있다는 연구 결과가 발표되었다.

2017년 케레브록Kerrebroeck 박사 연구팀은 VR 기기를 이용한 가상체험으로 소비자가 현실의 일시적 스트레스에서 벗어나게 할 수 있으며, 쇼핑몰의 혼잡도가 주는 부정적 영향을 감소시킬 수 있음을 보여주는 실험 결과를 발표하였다.[17] 그들은 크리스마스 쇼핑 기간에 벨기에의 한 쇼핑몰을 방문하는 고객들을 대상으로 현장 실험을 실시하였다. 쇼핑몰의 한쪽 코너에 약 3분 동안 VR 기기(HMD와 헤드셋)로 음악을 들으며 산타의 눈썰매를 탈 수 있는 부스를 마련했다. 그러고 나서 매장이 복잡할 때와 한가할 때 VR 체험이 소비자의 쇼핑 경험에 미치는 효과를 비교 분석하였다. 그 결과, VR 체험은 매장이 한가한 때와 달리 복잡한 때 쇼핑몰에 대한 부정적 평가를 확연히 줄여주었고, 매장 만족도와 충성도에도 긍정적 효과를 나타냈다. 하지만 이러한 VR 체험이 매장에서 더 많은 시간을 보내고 싶다는 생각을 가지게 하지는 못했다.

그동안 유통업체들은 매장 혼잡에 대한 소비자의 불만을 감소시키고자 느린 음악을 틀거나, 푸른 식물들을 곳곳에 비치하고in-store vegetation, 키오스크 대신 원하는 정보를 빠르게 제공해줄 수 있는 직원을 추가 배치하는 것과 같은 노력을 해왔다. 위의 실험 결과는 그러한 노력을 VR 체험이 어느 정도 대체할 수 있음을 보여준다. 하지만 성급하게 일반화해선 위험하다. 국가별로 소비자가 유통매장 혼잡도에 느끼는 부정적 인식의 정도가 다르고, 같은 국가의 소비자라 하더라도 쇼핑 동기에 따라 민감도에 차이가 있기 때문이다. 예를 들면, 중동보다는 미국 소비자들이, 쇼핑 자체를 즐기는 쾌락적 동기보다는 필요한 물건을 빠르게 구매하고자 하는 실용적 동기를 가진 소비자들이 혼잡한 유통매장에 부정적 인식이 높다고 알려져 있다.

한편, VR 체험은 혼잡도에 민감도가 매우 높은 사람의 경우 효과가 없을지도 모른다. VR 체험이 또 다른 혼잡함을 유발한다고 생각해 오히려 불쾌감을 키울 가능성도 있다. 그 밖에도 장난감 같은 쾌락재를 주력으로 판매하는 매장인지, 식료품 같은 실용재를 주로 판매하는 매장인지와 같은 매장 유형에 따라서도 VR 체험의 효과는 달라질 수 있다. 이러한 의문점을 해결하려면 앞으로 더 많은 연구들이 진행되어야 할 터다.

혼잡한 매장에서 어떤 음악을 틀어주어야 할까

여기서 잠깐. 혼잡한 매장에서 스트레스를 줄이는 데 느린 음악이 정말 효과가 있을까?[*] 2017년 크뇌페를러 Knoeferle 교수 연구팀은

---

[*] 빠른 음악 또는 느린 음악 중 어느 쪽이 매출에 긍정적일까? 이는 매장 유형에 따라 다를 수 있다. 예를 들어, 일반 슈퍼마켓에서 진행된 실험 결과에 따르면 빠른 음악보다는 느린 음악이 매출 증가에 도움이 되었다. 구체적으로, 소비자들은 느린 음악(빠른 음악 대비)을 들려줄 때 원하는 제품이 진열된 곳으로 바로 가지 않고 주변을 천천히 둘러보았고, 이에 따라 매출이 약 32퍼센트 증가했다. 하지만, 회전율이 중요한 식당

유럽의 여섯 개 리테일 매장을 대상으로 약 4만 건의 쇼핑 내역을 분석한 결과, 예상과 달리 빠른 음악이 오히려 혼잡한 매장의 매출을 올리는 데 도움이 될 수 있다는 연구 결과를 얻었다.[18] 그들은 먼저 매장 혼잡도와 매출은 뒤집어진 U자의 관계라는 사실을 밝혀냈다. 즉, 매장에 사람이 붐비면 어느 정도 매출이 증가하다가 너무 복잡해지면 오히려 매출은 감소한다.

그런데, 추가 분석 과정에서 매장이 혼잡할 때 빠른 음악을 들려주면 매출이 줄어들지 않고 오히려 증가할 수 있다는 놀라운 사실을 발견했다. 그 이유는 만난 지 얼마 안 된 연인이 공포 영화를 보고 난 후 사랑이 깊어지는 것과 비슷한 원리로 설명이 가능하다. 공포 영화를 보면 두려움과 긴장감으로 심장이 빠르게 뛰는데, 그것이 마치 옆의 연인을 향한 설렘 때문이라고 잘못된 귀인 misattribution을 하는 것이다.* 이를 혼잡한 매장에서의 쇼핑 상황에 적용해보면, 소비자는 혼잡한 곳에 있을 때 심리적 긴장감 arousal

~~~~~~~~

에서는 빠른 음악이 주문량 증가에 도움이 된다. 또한 흥미롭게도 유행하는 인기 음악을 들려주는 것이 빠른 음악을 들려주는 것과 비슷한 효과를 보였다. 하지만 배경음악을 선택할 때 놓치지 말아야 할 점이 있다. 그것은 바로 매출 증가를 위해 빠르거나 느린 배경음악을 선택하기보다 매장 브랜드의 이미지에 맞는 배경음악을 선택해야 한다는 것이다. 출처: 미테일러 치호, 이정미 옮김, 《사운드 파워》, 더숲, 2020, pp. 28-29.

* 이와 같은 잘못된 귀인을 일반적으로 '카필라노 법칙'이라 부른다. 1974년 더튼과 아론 교수는 카필라노에 있는 흔들다리와 일반 나무다리에서 흥미로운 실험을 하였다. 남성을 두 그룹으로 나누어 각각의 다리를 건너게 한 후 다리 반대편 끝에 있는 매력적인 여성 조교를 만나게 했다. 조교는 실험 결과가 궁금하면 연락하라고 자신의 연락처를 알려주었는데, 실제로 연락을 한 남성은 흔들다리를 건넌 쪽이 훨씬 많았다. 이는 흔들다리를 건널 때의 공포로 심장이 뛰는 것을 설렘으로 착각했기 때문이다. 참고 문헌: Dutton, D. G., & Aron, A. P. (1974). "Some evidence for heightened sexual attraction under conditions of high anxiety", *Journal of Personality and Social Psychology, 30*(4), pp.510-517.

이 증가하여 심장 박동이 빨라질 수 있는데, 빠른 음악을 들려주면 이러한 신체 변화가 혼잡함 때문이 아니라 빠른 음악 때문이라고 착각하게 된다. 그 결과 쇼핑 공간에 대한 부정적 감정이 줄어들고 좀 더 편안한 마음으로 쇼핑을 할 수 있다. 또 빠른 음악을 틀어줄 때 더 많은 양을 구매했는데, 이는 혼잡함에 따르는 불편한 감정이 줄어 매장에 머무르는 시간이 증가했기 때문으로 해석할 수 있다.

가상스토어에서도 소비자는 좁은 공간에 지나치게 많은 사람이 몰려 있거나, 제품이 산재되어 있으면 혼잡함을 느낄 수 있다. 실제 오프라인 쇼핑 환경과 동일하게 구현된 몰입형 스토어에서 1인칭 시점으로 쇼핑할 때뿐 아니라 PC 기반의 비몰입형 스토어에서도 아바타끼리 부딪히는 경험을 할 수 있다. 물론 가상현실에서는 촉각의 전달이 제한적이므로 물리적인 부딪힘을 몸으로 느끼지 않는다는 장점(?)은 있다. 그럼에도 시각적 답답함은 여전히 피하기 어렵다. 따라서 비교적 공간 확장이 자유로운 가상현실의 장점을 살려 공간의 밀도가 정해진 수준 이상으로 높아지지 않게 관리(실제 공간을 넓히거나 착시를 유도)할 필요가 있다. 또한 대기 시간 동안 영화 〈아바타 2〉의 배경과 같은 넓은 숲과 아름다운 물속의 장면을 실제 체험해보도록 하는 등 답답함을 해소할 기회를 제공하는 것도 효과적일 수 있다. 물론 잘못된 귀인을 유도하는 빠른 음악과 같은 청각적 자극도 적극 활용할 필요가 있다.

브랜드 관광객이 될 것인가,
브랜드 이민자가 될 것인가?

지금까지 우리는 가상스토어에서의 소비자 행동을 살펴보았다. 이제 가상공간에서의 브랜드 전략에 관해 알아보도록 하자. 최근 많은 브랜드가 메타버스 플랫폼을 활용해 가상공간에 브랜드숍을 만들고 다양한 유형의 아바타용 아이템을 판매한다. 특히 명품 브랜드가 주로 십대가 이용하는 제페토, 로블록스 등에서 몇천 원짜리 저가 아이템을 판매하는 모습이 심심찮게 눈에 띈다. 명품 브랜드의 기존 고객은 이러한 현상을 어떻게 생각할까? 이에 대한 답은 2014년 벨레자Bellezza 교수 연구팀이 발표한 논문에 소개된 '브랜드 관광 효과brand tourism effect'로 추론해볼 수 있다.[19] 브랜드 관광 효과는 프리미엄 브랜드가 저가의 제품으로 확장할downward brand extension(하향 브랜드 확장) 경우, 고가의 제품을 구매한 기존 고객이 어떻게 반응할지를 설명하는 이론이다.

구체적으로 기존 고객의 반응은 저가 제품을 구매한 새로운 고객이 어떤 유형인지(브랜드 이민자와 브랜드 관광객)에 따라 달라진다. 즉, 저가 제품을 구매한 고객이 기존 고객과 같은 지위를 누리고 싶어 하는 브랜드 이민자brand immigrant의 자세를 취한다면 기존 고객의 반응은 부정적인 반면, 고가 제품을 소유한 기존 고객을 부러워하는 브랜드 관광객brand tourist의 자세를 취한다면 기존 고객의 반응은 오히려 긍정적이다.*

그렇다면 브랜드 관광 효과가 나타나는 이유는 무엇일까? 바로 새로운 고객이 어떤 자세를 취하는지가 기존 고객이 브랜드에 느끼는 자부심에 영향을 주기 때문이다. 특히 기존 고객이 브랜드에 애착이 강하거나, 브랜드 고객이 되기 위해 투자한 시간적·금전적 노력이 크다면 자부심의 변화가 크기 때문에 브랜드 관광 효과가 더 강하게 나타날 수 있다.

브랜드 이민자와 브랜드 관광객을 활용하는 전략

이제 논문에 소개된 실험 방법과 결과들을 구체적으로 살펴보자. 먼저 하버드대학교 학부생을 대상으로 학교에 6주짜리 여름 비정

---

*   관광객은 거주민을 부러워하며 여행지에서 돈을 쓰기 때문에 지역 경제 발전에 도움이 될 뿐 아니라 자부심을 느끼게 하는 반면, 이민자는 지역 경제에 기여하기보다 거주민의 혜택을 함께 나눠 가지며 동등한 지위를 누리려 하기 때문에 거주민의 입장에서 자부심이 낮아진다.

규 과정이 개설되었다고 얘기해주었다. 별도의 입학 선발 과정 없이 전 세계의 다양한 지원자들이 지원만 하면 대부분 합격하는 프로그램이다. 이때 실험 참가자를 두 그룹으로 나누어 한 그룹에는 비정규 과정에 참여한 사람이 브랜드 이민자의 자세를 취하고, 다른 그룹에는 브랜드 관광객의 자세를 취한다고 얘기해주었다. 즉, 브랜드 이민자는 과정을 이수한 자신도 하버드대학교 학생의 일원이라고 생각하므로 이력서에 하버드 졸업생이라고 쓸 것이라고 얘기한 반면, 브랜드 관광객은 자신이 하버드대학의 일원이 아니므로 이력서에 적을 계획이 없다고 얘기해주었다.

이후 브랜드 이민자와 브랜드 관광객의 조건에 따라 학교 브랜드 이미지(비정규 과정이 학교 이미지에 긍정적 영향을 주는가?), 우호적 행동 의도(향후 학교에 기부금을 내고 동문회 이벤트에 참석할 의도가 있는가?), 새로운 고객에 대한 태도(비정규 과정 이수 학생을 어떻게 생각하는가?)에 차이가 있는지 비교하였다. 그 결과, 다음 그림과 같이 브랜드 관광객 조건(브랜드 이민자 대비)에서 브랜드 이미지, 우호적 행동 의도, 새로운 고객을 향한 태도가 모두 더 긍정적이었다.

그렇다면 저가의 제품을 구매한 새로운 고객이 브랜드 관광객이 아닌 브랜드 이민자라면 브랜드 확장 자체를 하지 않는 것이 오히려 더 나은 선택일까? 로모그래피Lomography 카메라가 스마트폰용 앱을 출시하는 시나리오*를 이용한 추가 실험을 진행해 이를 알아보고자 하였다. 로모그래피 카메라는 사양에 따라

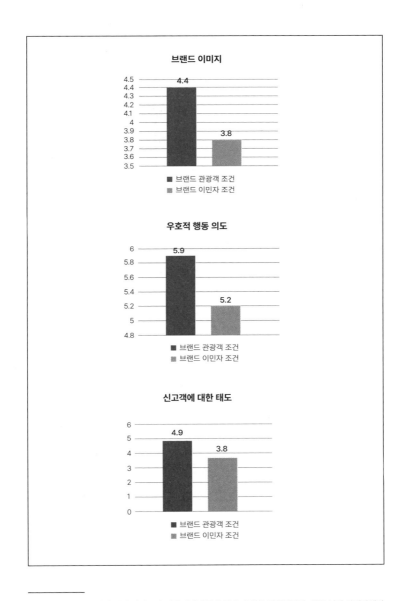

---

*   로모그래피 카메라 앱이 실제로 출시된 것에 영감을 받아 실험이 진행되었다. 앱은 실제 카메라에서 가능한 일부 기능은 제한되었다. 로모그래피 앱의 이러한 기능은 이후 인스타그램 필터에도 적용되었다.

로모그래피 카메라(왼쪽)와 스마트폰용 앱(오른쪽)

250~1000달러(약 300~1200만 원)에 판매되는데, 광학렌즈의 왜곡으로 독특한 색감의 사진을 찍을 수 있는 것으로 유명하다. 만약 로모그래피가 실제 카메라로 찍은 사진과 거의 구분되지 않는 왜곡된 사진을 찍을 수 있는 스마트폰 앱을 출시한다면, 기존 카메라 고객은 로모그래피 카메라에 어떤 태도를 가질까?

이를 확인하고자 실험 참가자를 세 그룹, 즉 브랜드 이민자 그룹(실제 카메라로 찍은 것과 앱 사용 간 구별이 어려움), 브랜드 관광객 그룹(실제 카메라로 찍은 것과 앱 사용 간 분명한 차이가 있음), 통제 그룹(로모그래피 앱 출시 자체를 언급하지 않음)으로 구분한 후 로모그래피 카메라에 대한 긍정적 구전 의도*를 비교하였다. 앞선 실험과 달리 통제 그룹을 추가한 이유는 부정적 결과를 초래한 브랜드 이민자 조건과 비교함으로써 오히려 브랜드 확장을 하지 않은 쪽이 더 바람직한지를 확인하기 위함이었다. 실험 결과, 브랜드 관광객 조건이 브랜드 이민자나 통제 그룹 조건에 비해 긍정적 구전 의도가 높았다. 단, 브랜드 이민자 그룹과 통제 그룹 간 차이는 유의하지 않았다. 이는 브랜드 이민자가 브랜드 관광객보다는 부정적 결과를 유발하더라도 브랜드 확장 자체를 하지 않을 때보다 결과가 나쁘지는 않음을 보여준다.

그렇다면 브랜드 관광 효과가 발생하는 이유(심리적 매커니즘)는 무엇일까? 이를 확인하기 위한 추가 실험에서 연구자들은 명품 쇼핑백이 중고로 거래된다는 한국 TV 뉴스 내용을 바탕으로 가상의 시나리오를 디자인하였다. 먼저 명품 매장을 방문하여 무료로 쇼핑백을 선물로 받은 루시Lucy라는 가상의 인물을 만들고 세 가지 조건 즉, 브랜드 이민자(무료 쇼핑백을 받았으며 자신도 브랜드의 고객으로 인식), 브랜드 관광객(무료 쇼핑백을 받았으며, 실제 제품을 구매한 브랜드 고객을 동경함), 통제 집단 조건(무료 쇼핑백을 받았으며, 추가 설명은 없음)에 따라 루시를 다르게 묘사하였다. 각각의 조건에서 기존 명품 고객들이 브랜드에 얼마나 자부심을 느끼는지, 브랜드의 명품 이미지

---

* 긍정적 구전 의도란 주변 사람에게 브랜드를 추천하는 등 브랜드에 대한 긍정적 얘기를 하고자 하는 정도를 의미한다.

는 어떠한지, 새로운 고객인 루시를 어떻게 평가하는지를 비교 분석하였다.

그 결과 명품 브랜드에 느끼는 자부심과 이미지 평가는 브랜드 관광객, 통제 집단, 브랜드 이민자 조건 순이었다. 이는 통제 집단이 브랜드 이민자보다 긍정적인 결과가 나온 것으로 앞서 확인한 긍정적 구전 의도와 달리 하향 브랜드 확장 시 새로운 고객이 브랜드 이민자가 되면 확장 자체를 하지 않을 때보다 나쁜 결과를 초래할 수 있음을 보여준다. 한편, 루시에 대한 평가는 브랜드 관광객 조건이 가장 긍정적으로 나타났지만, 브랜드 이민자와 통제 집단 간 차이는 유의하지 않았다.

이 연구는 명품 브랜드가 진품과 구분이 어렵지 않은 짝퉁 제품을 고발하지 않고 그대로 두는 이유를 설명해준다. 로모그래피 앱의 사례와 같이 쉽게 구분이 되는 짝퉁을 구매한 브랜드 관광객은 진품을 구매한 기존 고객에게 오히려 자부심을 줄 수 있고, 그 결과 브랜드에 대한 태도와 행동이 긍정적으로 나타날 수 있기 때문이다.

앞서 우리는 명품 브랜드가 출시하는 아바타용 저가 아이템이 기존 명품 고객에게 어떤 영향을 미칠지 물음을 던졌다. 브랜드 관광 효과를 적용하면 이 질문의 답을 어느 정도 추론해볼 수 있다. 제페토나 로블록스에서 몇천 원짜리 명품 신발과 옷을 구매한 십대가 나도 이제 명품 브랜드의 고객이라는 브랜드 이민자의 자세를 취한다면 기존 명품 브랜드 고객들은 브랜드에 대한 자부심이 낮아지고, 부정적인 태도와 행동을 취할 가능성이 높다. 반면 십대가 현실 공간에서 명품 브랜드 제품을 가진 기존 고객을 부러워하는 브랜드 관광객의 자세를 보인다면 오히려 긍정적인 효과를 줄 수 있다.*

물론 가상현실에서 판매되는 아이템이 모두 저가의 하향 브랜드 확장이라고 볼 수 없다. 예를 들면, 2021년 로블록스의 구찌가든에서는 실제 구찌 가방과 유사하지만 꿀벌의 디자인이 추가된 디오니서스 가방Gucci Dionysus Bag with Bee이 약 4,115달러(약 500만 원)에 재판매되었는데, 실제 가방(약 3,400달러)보다 더 비싼 가격이었다.[20] 이 사례는 구찌가 다른 명품 브랜드보다 먼저 메타버스를 커뮤니케이션 채널로 적극 활용함으로써 브랜드에 혁신적 이미지를 불어넣음과 동시에, 화제를 유발함으로써 브랜드 노출을 극대화한 의미 있는 결과를 보여준 것으로 평가할 수 있다. 따라서 명품 브랜드의 메타버스 플랫폼 활용을 두고 무조건 긍정, 부정을 논하기보다 소비자의 심리적 메커니즘과 브랜드의 전략적 목표를 함께 고려해 평가할 필요가 있다.

---

* 브랜드 포트폴리오 전략의 관점에서 보면 아바타용 저가 아이템은 진입 브랜드entry-level brand 역할을 할 가능성이 있다. 향후 부러움을 느낀 십대가 구매력을 갖게 되면 명품 브랜드의 고객으로 자연스럽게 유입될 수 있다. 4050 세대가 주 고객인 프리미엄 한방 화장품인 설화수는 2030을 위한 저가의 한방 화장품 브랜드인 한율을 사용한 젊은 층에서 고객 전이가 일어날 가능성이 높다. 이때 한율은 설화수의 진입 브랜드 역할을 한 것이다.

홍보용 가상스토어 상상하기

이번 이야기를 끝내기 전에 한 가지 꼭 얘기하고 싶은 것이 있다. 지금껏 논의한 유통매장은 주로 제품 판매를 목적으로 한 가상스토어였다. 하지만 오늘날 오프라인 매장이 판매가 아닌 홍보를 위한 쇼룸형 전시 공간으로도 활용되고 있다는 점을 고려하면 가상스토어에 대한 생각의 범위를 확장할 필요가 있다. 예를 들어 미국의 네이버후드굿즈 백화점Neighborhood Goods 은 독특한 스토리가 있는 브랜드를 큐레이션하고 전시하는 공간 임대업으로 수익을 올리고 있다. 오프라인 매장 없이 온라인 D2CDirect to Customer 로 운영되는 브랜드를 일종의 공간 콘텐츠로 활용하는 비즈니스라 할 수 있다.

또한 전시 공간 임대를 넘어 매장을 방문하는 고객의 행동 데이터를 분석하여 판매하는 유통매장도 있다.* 예를 들어, 일본 유라쿠초 베타b8ta 매장은 천장에 22개의 카메라를 설치하여 방문고객의 행동을 모니터링한다.[21] 이곳에 전시하는 브랜드는 1구획 (가로 60센티미터×세로 40센티미터) 기준 월 30만 엔(약 300만 원)을 지불해야 한다. 만약 베타가 가상공간에 매장을 연다면 어떨까? 전시된

---

* 　제품 판매가 아닌 경험 제공을 목적으로 하는 매장을 RaaSRetail as a Service라 통칭한다. 2015년 미국 실리콘밸리에서 창업한 베타b8ta가 대표적이다.

브랜드를 둘러보는 고객의 HMD와 컨트롤러 움직임을 분석하면 카메라 없이도 훨씬 더 정확한 데이터를 수집할 수 있을지도 모른다. 또한 공간 크기에 제약이 사라지면 전시 비용이 낮아져 더 많은 브랜드에 기회가 돌아갈 수 있다. 이는 반드시 오프라인 공간이 사라진다는 뜻은 아니다. 오히려 오늘날 온/오프라인 공간이 통합되어 활용되는 것Online Merged Offline; OMO과 같이 각자 역할을 분담해 고객에게 더 나은 가치를 제공할 방법을 모색할 가능성이 열린다는 점에 집중해야 할 것이다.

5장
소비자의 무의식을 움직이는
가상공간 파워게임

가상세계 화면이
사람에게 부여하는 힘

현실세계에서는 노골적이든 암묵적이든 권력에 순위가 매겨지고, 내가 느끼는 파워 수준이 나의 태도와 행동에 영향을 미친다. 얼핏 생각해보면 현실을 초월하는 메타버스 가상공간은 모두가 평등한 유토피아처럼 여겨질 수 있겠지만, 실상은 그렇지 않다. 인간이 모여 있는 곳이라면 어느 곳이나 힘을 가진 자와 그렇지 않은 자가 나뉘는데, 가상세계는 점점 진화할수록 현실세계를 더욱 닮아간다.

그런데 두려운 것은 가상현실의 공간 디자인이 무의식적으로 우리가 느끼는 심리적 파워 수준을 결정지을 수 있다는 점이다. 줌, 웹엑스 같은 화상회의 플랫폼의 디자인을 생각해보자. 회의에 참여하는 사람들이 화면에 보여지는 형태는 격자, 수평, 수직 등 매우 다양하다. 물론 환경 설정으로 내가 원하는 대화창 레이아웃 옵션을 선택할 수 있지만, 기본값으로 제공되는 옵션은 늘 존재한다. 그렇다면 혹시라도 대화 참여자들이 화면에 보여지는 형태에 따라 각자 느끼는 파워 수준이 달라지지 않을까? 특히 참여자들의 모습이 수직으로 보일 경우, 위에 위치한 사람과 아래에 위치한 사람이 자신도 모르는 사이에 서로 다른 수준의 심리적 파워를 느끼고 행동을 지배받을지 모른다.

한편, 현실세계에서 협상할 때에는 자신의 홈그라운드에서 진행하는 것이 유리하다고 알려져 있다. 러시아와 우크라이나가 전쟁 협상을 할 때에 장소를 놓고 논쟁을 벌인 이유이기도 하다. 미국 트럼프 전 대통령과 북한의 김정은이 제3국인 베트남 하노이에서 정상회담을 한 것도 이와 무관하지 않다. 그렇다면 가상공간에서 협상할 때에도 홈그라운드 이점이 존재할까? 비록 나는 내 사무실에 앉아 있지만, 가상현실 속 내 아바타는 협상 대상자가 만들어놓은 가상의 오피스를 방문해서 협상을 벌인다면 어떻게 될까?

자리 위치가 사람에게 힘을 부여하는가

먼저 가상현실에서의 심리적 파워 얘기부터 시작해보자. 혹자는 가상과 현실이 명확히 구분되는 로블록스, 제페토와 같은 플랫폼이 제공하는 비몰입형 가상세계는 진정한 메타버스가 아니라고 주장한다.* 영화 〈레디 플레이어 원〉에 나오는 주인공들처럼 VR 기기를 착용하고 현실세계와 가상세계를 넘나들며 생활할 수 없기 때문이다. 현재도 VR챗과 같이 현실세계를 그대로 구현한 가상공간에서 전 세계의 다양한 사람이 만나 소통하는 플랫폼이 존재하긴 하지만, 가입자 수는 한참 부족한 실정이다. VR 기기를 착용했을 때 생기는 멀미로 인한 불편을 해소한 기기가 빠른 속도로 보급되지 못한다면 한동안은 컴퓨터나 스마트폰으로 사람을 만나고 대화를 나누는 플랫폼이 메타버스라는 이름으로 더 빨리 성장할 것이다. 그런 측면에서 게더타운과 같은 비몰입형 가상공간에서 대화를 나눌 때 위치 변화에 따른 인간의 반응 차이를 연구하는 것은 의미가 있다.

2005년 슈베르트Shubert 교수는 '파워power = 상단up'이라는 은유적 심상이 실제 공간의 위치에도 적용될 수 있음을 보여주는 연구 결과를 발표하였다.[22] 실험 참가자들에게 두 개의 점이 서로 다른 각도로 그려진 여덟 개의 그림을 제시한 후 각각의 문장을 잘 표현하는 그림을 선택하도록 하였다. 참가자들이 읽는 문장은 ① "●는 ○보다 약하다", ② "●는 ○에 영향력을 행사한다" 등과 같이 두 주체 간 상대적인 파워 수준을 설명하는 내용이었다. 그

---

* 《메타 사피엔스》(파지트, 2021)에서 두 저자는 VR챗과 같이 현실과 가상의 경계가 완전히 무너진 형태의 가상세계가 진정한 메타버스라고 주장하면서, 현실과 가상에 동등한 가치를 부여하지 못하며 가상의 공간에서 참여자가 진정한 삶을 살아가지 못하는 제페토나 로블록스와 같은 비몰입형 가상현실 플랫폼의 한계를 지적했다.

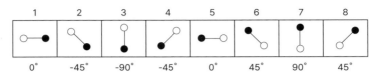

두 점이 서로 다른 각도로 그려진 여덟 개의 그림

결과 참가자들은 파워가 높은 대상이 주로 위쪽에, 파워가 약한 대상이 주로 아래쪽에 위치한 그림을 선택했다. 즉 문장①은 2, 3, 4 그림을, 문장②는 6, 7, 8 그림을 선택한 비율이 높았다. 이로써 인간이 파워 수준과 공간에서의 위치를 매칭하여 생각한다는 것을 알 수 있다.

　이러한 심리적 기제는 추가로 진행한 실험에서 더욱 분명하게 드러났다. '주인master' 또는 '하인servant'이라는 글자가 PC 화면에 나타나는 위치를 위아래로 다르게 한 후, 참가자가 파워가 높은 사람(또는 낮은 사람)을 선택할 때 소요되는 시간을 각각 측정하였다. 그 결과, '주인'이 스크린의 위, '하인'이 스크린의 아래에 위치하는 경우 선택의 시간이 적게 소요되었다. 따라서 '파워 = 상단'이라는 은유적 심상이 공간에서의 위치 지각에도 그대로 적용될 수 있음이 다시 한번 확인되었다.

　인간이 파워 수준에 따라 공간에서의 적합한 위치를 다르게 판단한다는 것을 가상현실에 적용해보면, 다음의 줌 화면과 같이 위에 위치한 사람이 아래에 위치한 사람보다 무의식적으로 느끼는

참가자가 수직으로 배치된 가상회의 화면

파워 수준이 높아질 가능성이 있다. 물론 화면에는 세 명의 참가
자밖에 없어 심리적 파워에 미치는 효과가 제한적일 수 있으나,
10명의 팀원이 참여하는 회의에서 구성원이 모두 수직으로 배치
된다면 어떨까? 직급이 가장 높은 팀장이 상단에 노출되지 않으
면 채팅창에서 개별 메시지를 보내려고 할 때 팀장의 이름을 찾는
데 시간이 더 오래 걸릴지도 모른다. 막내 직원이 가장 하단에 배
치되지 않을 때도 마찬가지다. 뿐만 아니라 대화 기회가 많이 주
어지지 않을 때 느끼는 부정적 감정도 화면에 보이는 자신의 수직
적 위치에 따라 차이가 생길 수 있다. 상단에 위치한 사람은 심리
적 파워 수준이 높아 자신에게 발언권이 더 주어져야 한다고 생각
할 여지가 있기 때문이다. 이러한 추론을 가능하게 하는 흥미로운

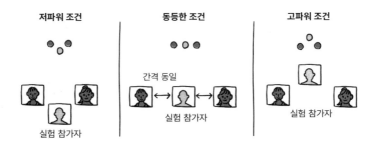

실험 참가자의 위치에 따른 저파워 조건(왼쪽), 동등한 파워 조건(가운데), 고파워 조건(오른쪽)

연구 결과를 살펴보자.

2017년 니데겐Niedeggen 교수 연구팀은 온라인 화면에 보이는 참가자의 위치에 따라 사회적 참여에 대한 기대감이 달라지며, 그 결과 불공정하게 자신이 소외될 때 느끼는 부정적 감정에 차이가 발생함을 보여주는 실험 결과를 발표하였다.[23] 연구팀은 실험 참가자를 세 그룹으로 나눈 후, 각각 세 가지 다른 위치 조건에서 상대에게 공을 패스하는 게임을 하도록 하였다. 위 그림에서 세 명 중 얼굴이 없는 사람이 실험 참가자를 의미한다. 저파워 조건은 다른 참가자들보다 실험 참가자가 아래에 위치(왼쪽 그림), 동등한 파워 조건은 나란히 위치(가운데 그림), 고파워 조건은 위에 위치(오른쪽 그림)하는 것을 각각 의미한다. 이때 공을 주고받는 게임을 공정한 조건과 불공정한 조건으로 나눠서 진행하였다. 공정한 조건은 세 명이 공을 전달받는 확률이 거의 동일한 33퍼센트, 불공정한 조건은 참가자가 상대적으로 공을 받을 가능성이 적은 16퍼센트로 설정하였다.

이후 공정한 조건 대비 불공정한 조건에서 참가자들의 사회적 소외감과 부정적 감정이 얼마나 증가하였는지를 세 그룹 간 비교 분석하였다. 분석 결과, 저파워 조건에서는 다른 조건들에 비해 불공정한 게임에서 자신이 배제되었다는 생각과 이로 인한 부정적 감정이 상대적으로 적었다. 이는 아래에 위치한 경우 심리적 파워 수준이 낮아져 사회적 참여에 대한 기대감이 감소하고, 이에 따라 자신이 소외된 상황을 상대적으로 쉽게 받아들인다는 것으로 해석할 수 있다.

이를 종합해 볼 때, 가상공간 비대면 회의에서 아래 위치에 표시되는 참가자의 경우 심리적 파워 수준이 낮아져 상대적으로 적은 발언권이 주어지더라도 소외감을 덜 느끼고, 부정적 감정이 적을 것으로 예상해볼 수 있다. 물론 플랫폼에 따라 참여자를 화면에 보여주는 방법이 매우 다양하다는 사실도 고려해야 한다. 예를 들면, MS 팀즈microsoft teams 플랫폼에서는 참가자의 위치가 메인 화면과 보조 화면에 동시에 나타난다. 이 경우, 메인 화면과 다른 보조 화면의 위치가 심리적 파워 수준을 강화 또는 상쇄할 가능성도 있다. 또한 메인 화면에 보이는 참가자 가운데 일부는 실제 본인의 얼굴이 아닌 가상의 아바타로 나타나기도 한다. 어쩌면 다소 희화화된 아바타의 모습을 사용할 경우, 상대적 위치가 높거나 낮

더라도 참가자들이 느끼는 심리적 파워 수준의 차이는 덜할 가능
성도 있지 않을까? 앞으로 추가 연구를 거쳐 확인해야 할 것들이
적지 않다.*

---

*   가상체험에서 느끼는 사회적 소외감과 부정적 감정은 온도와 관련된 감각 정보의 영향을 받을지도
모른다. 체험자가 자신의 신체 온도를 낮게 느끼는 경우 상대적으로 사회적 소속감의 욕구가 강해져 자신
이 소외될 때 느끼는 부정적 감정이 크다는 연구 결과가 있다. 참고 논문: Bargh, J. A., & Shalev, I. (2012).
"The substitutability of physical and social warmth in daily life", *Emotion, 12*(1), pp.154.

고객 최우선주의와
공정서비스를 디자인으로 구현하기

그렇다면 가상스토어에서 심리적 파워는 인간 행동에 어떤 영향을 미칠까? 최근 서비스 분야에서 고객의 부당한 행동으로부터 직원을 보호하려는 기업들의 움직임이 활발하다. 특히 비행 승무원에게 폭행을 가하고, 백화점 종업원에게 무릎을 꿇게 한 사건이 언론의 집중 조명을 받으면서 한국 사회에서 고객 '갑질' 문제는 간과할 수 없는 사회 문제로 부각되었다. 이에 따라 어느 기업은 "우리 직원이 고객에게 무례한 행동을 했다면 직원을 내보내겠습니다. 그러나 우리 직원에게 무례한 행동을 하시면 고객을 내보내겠습니다"라는 메시지를 담은 공정서비스 안내문을 매장 입구에 부착하였다. 이는 '고객이 왕이다' 또는 '고객이 항상 옳다'는 기존 서비스 정신과는 상반되는 행동으로 세간의 화제가 되기도 하였다.

사실 사회심리학 분야에서 연구한 바에 따르면, 고객을 왕으로 보는 관점은 고객이 느끼는 파워 수준을 높여 비도덕적 행동을 유도하는 주요한 원인이 되기도 한다. 심리적 파워가 높은 사람이 야외 테라스에 놓인 테이블에 발을 올리고, 담배를 피우고, 바닥에 침을 뱉는 등 비윤리적 행동을 할 가능성이 높다는 사실은 이러한 주장을 뒷받침해준다. 따라서 관점을 바꿔 고객을 왕이 아니라, 애정으로 따뜻하게 돌봐줘야 하는 철없는 어린아이처럼 바라보는 편이 고객 '갑질' 문제 예방과 보다 나은 서비스 제공에 좋은 전략이 될 수 있다는 주장이 제기되고 있다.

가상공간에서의 공정서비스 활용

최근 나는 동료 학자들과 함께 이 문제에 관심을 두고, 고객의 심리적 파워를 조절할 때 서비스 기업이 얻는 효과를 확인하는 실험 연구를 진행하였다.[24] 먼저, 실험 참가자를 두 그룹으로 나눈 후 한 그룹에는 기업이 고객 최우선주의 안내문(왼쪽 그림)을, 다른 그룹에는 공정서비스 안내문(오른쪽 그림)을 각각 매장 입구에 부착하였다고 말해준 후 직원의 입장에서 이러한 행동을 어떻게 생각하는지 평가하도록 하였다. 그 결과 공정서비스 안내문 조건의 참가자들은 고객 최우선주의 안내문 조건에서보다 조직이 나를 지지해준다는 느낌을 더 강하게 느끼며, 이에 따라 열심히 일하지 않

고객 최우선주의 안내문(왼쪽)과 공정서비스 안내문(오른쪽)

으면 죄책감이 들 것 같다고 응답하였다. 이는 기업이 공정서비스 안내문 등을 이용해 고객과 직원 간 파워 수준에 균형을 맞추고자 노력함으로써 직원이 자발적으로 고객 서비스를 개선하고자 노력하도록 동기부여할 수 있다는 의미이다.

그렇다면 가상스토어에서는 고객의 파워 수준을 통제하기 위해 어떤 조치를 취할 수 있을까? 먼저 가상공간의 매장에서도 오프라인 매장과 동일하게 공정서비스 안내문을 입구에 부착할 수 있을 것이다. 하지만 그 밖에도 가상공간의 특수성을 감안할 때, VR 기기에서 사용자가 대상을 바라보는 각도를 조절하여 고객이 아래에서 위로 직원을 바라보도록 하는 방법도 고려해볼 수 있다.

최근 노트북 화면의 각도를 달리하여 위에서 아래로 또는 아래에서 위로 보는 정도를 조작함으로써 인간이 느끼는 파워 수준에 변화를 줄 수 있다는 연구 결과가 발표되었다.[25] 노트북 모니터의 각도가 90도, 70도, 50도로 작아질수록 사용자가 위에서 아래로 내려다보게 되면서 심리적 파워 수준이 높아졌고, 이에 따라 광고를 보는 시간이 짧아지고 기억력도 낮아졌다. 가상현실에서는 사용자가 특정 대상을 바라보는 시점과 각도를 비교적 용이하게 조절할 수 있다는 점에서 충분히 시도해볼 만한 전략이라 할 수 있다. 고객 파워를 통제하는 또 다른 전략으로 가상스토어에 근무하는 직원 아바타의 크기를 고객 아바타보다 상대적으로 크게 나타나도록 하여 어른과 아이의 관계처럼 보이도록 하는 것도 도움이 될지 모른다.

홈그라운드 이점을 알고 협상에 임해라

이제 주제를 바꾸어 가상공간에서의 협상을 살펴보자. 스포츠 경기에서도 홈팀이 원정팀보다 유리하다고 얘기하듯이 협상에서도 홈그라운드 이점이 존재한다는 연구가 있다. 2011년 브라운Brown 교수 연구팀은 협상에서 거주자가 유리하고 방문자가 불리한지를 알아보는 실험 연구를 진행했다.[26] 먼저 실험 참가자들에게 구매자 또는 판매자 역할을 부여한 후 1만 파운드 규모의 커피 계약을 협상하는 가상의 시나리오를 10분 동안 읽도록 하였다. 협상에 참여하는 구매자와 판매자의 시나리오는 각각 다음과 같다.

구매자

당신은 유명한 3성급 호텔의 F&B 담당이사이며, 새롭게 협상을 진행하는 커피 판매 기업은 현재 공급업자보다 품질이 우수한 제품을 취급하므로 더 높은 최대지불가격(1파운드당 7.40달러)을 예상하고 있다. 공급자 변경에 따른 비용 증가로 신중한 판단이 필요하며 협상 결과가 당신의 고용 안정에 영향을 미칠 수 있다. 파운드당 구매 가격을 1센트 절약할 때마다 50달러를 보너스로 받을 수 있다.

판매자

당신은 커피 회사 영업 부사장이며, 협상할 호텔은 공급할 물량 자체는 많지 않지만 회사를 홍보하는 데 도움이 되는 매우 중요한 고객이다. 최저 판매 가격은 1파운드당 6.50달러이며 파운드당 판매 가격을 1센트 높일 때마다 50달러를 보너스로 받을 수 있다.

참가자들은 협상에 참여하기에 앞서 거주자·방문자·중립자 조건 가운데 하나로 배정되었다. 먼저 거주자 조건의 참가자는 개인 사무실로 데려가 20분 동안 그곳을 자신의 사무실 공간처럼 꾸미는 미션을 수행하도록 했다. 사무실 입구에 있는 보드에 자신의 이름을 쓰고, 다섯 개 의자 가운데 자신이 원하는 의자를 선택하고, 사무실에 걸어 둘 12개의 포스터 중 두 개를 선택하도록 했다. 또한 20개의 엽서 중 세 개를 선택해서 사무실에 두도록 했으며, 화이트보드에 스케줄을 기록하도록 했다. 마지막으로 컴퓨터에 로그인한 후 이메일 확인, 인터넷 검색을 하는 미션을 부여했으며, 사무실 열쇠를 줘서 나갈 때 직접 문을 잠그도록 했다.

다음으로 방문자 조건의 참가자는 대기실로 데려간 후 협상 대상자가 수업 조교이기 때문에 데이터를 입력해야 해서 자신의 사무실에 있다고 말해주었다. 마지막으로 중립자는 대기실로 데려간 후 같은 수업을 듣는 동료와 협상할 예정이라는 얘기만 해주었다. 이후 참가자들은 각자 부여받은 역할로 커피 가격 협상을 약 15분간 진행하였다. 최종 협상 가격을 비교 분석한 결과, 구매자의 협상 가격은 거주자, 중립자, 방문자 순으로 낮았다. 반면, 판매자의 협상 가격은 거주자가 방문자보다 높게 나타났으나, 중립자와 거주자 간 차이는 유의하지 않았다. 결과를 종합해볼 때, 자신의 공간에서 협상할 때 얻는 홈그라운드 이점이 분명 존재함을 알 수 있다.

그렇다면 홈그라운드 이점은 왜 발생할까? 추가 실험을 진행해 그 이유를 알아보았다. 연구자들은 거주자가 협상에 가지는 자신감을 원인으로 추론하여, 방문자 조건의 참가자에게도 자신감을 불어넣을 경우 불리한 협상을 하지 않을 것이라 판단하였다. 따라서 방문자 역할을 하는 참가자들에게 실험 시작 전에 협상 능력을 평가하는 시험을 보게 한 후, 점수와 상관없이 "점수가 매우 높게 나왔습니다. 협상을 매우 잘할 것으로 기대됩니다"와 같은 자신감을 높이는 얘기를 해주었다. 그 결과, 구매자의 협상 가격은 방문자와 거주자 간 차이가 없었으며, 방문자의 협상 가격이 중립자보다는 오히려 낮았다. 또한 판매자의 협상 가격은 방문자가 거주자만큼 높았으며 세 조건의 차이가 유의하지 않았다. 이는 홈그라운드 이점이 나타나는 이유가 자신의 공간에서는 협상을 성공적으로 이끌어낼 수 있다는 자신감이 높아지기 때문이라는 주장을 뒷받침해주는 결과이다.

메타버스 가상공간에서의 협상은 어떨까? 내가 직접 만들고, 주로 활동하는 공간으로 상대를 초대해서 협상을 진행할 때에는 홈그라운드 이점을 가질 가능성이 있다. 물론 그 효과는 어떤 메타버스 플랫폼을 사용하는지에 따라 달라질 수 있다. 현실세계를 완전히 잊을 정도로 실재감이 높은 몰입형 가상환경, 즉 HMD와 같은 VR 기기를 착용한 후 VR챗과 같은 공간에서 협상을 벌인다면 협상 결과가 방문자보다 거주자에게 유리할 가능성이 높다. 하지만 게더타운, 제페토와 같은 비몰입형 가상공간에서는 각자의 사무실에 놓인 PC 또는 스마트 기기로 접속한 후 상대가 만든 가상의 오피스를 방문하는 형태일 텐데 이 경우에도 협상의 위치 효과가 발생할지는 의문이다. 내 책상과 PC가 주는 협상의 자신감으로 인해 그 효과가 상대적으로 줄어들거나 사라질지도 모른다.

VR 트레이닝이 협상에 가져올 변화

연구 결과에 따르면 가상 캐릭터와 10분 정도 협상 연습을 하는 것만으로도 실제 협상에 필요한 유용한 지식을 학습할 수 있고, 10분씩 다섯 차례 트레이닝을 하면 협상 대화 기술이 개선되었다.* 협상 트레이닝이 좋은 협상을 담보하지는 않지만, 이러한 과정은 협상 지식과 대화 기술을 제고할 뿐 아니라 자신감을 고취하는 데 도움이 될 수 있다.

현재 VR은 인간이 겪는 다양한 공포와 걱정을 치유하는 도구로 유용하게 활용되고 있고, VR 트레이닝이 자기효능감self-efficacy을 강화할 수 있다는 연구 결과는 이러한 주장을 뒷받침해준다.[27] 이는 VR 협상 트레이닝이 협상의 위치 효과를 상쇄하는 좋은 수단이 될 수 있음을 의미한다. 단, 자기효능감이 충분히 높아지기 전에 트레이닝 과정에서 실패를 많이 경험하면 오히려 부정적일 수 있다는 점은 주의해야 한다.

지금까지 우리는 가상공간에서의 힘과 협상을 살펴보았다. 현

---

* 가상의 캐릭터는 표정으로 감정 변화를 표현했고, 말풍선으로 참여자와 대화를 진행하였다. 오늘날 VR 기술을 감안할 때 가상의 캐릭터가 아닌 인간 트레이너가 참여하여 직접 대화를 나누는 훨씬 실재감 높은 협상 트레이닝이 가능해 보이며, 이는 트레이닝 효과를 더 높일 수 있을 것으로 기대된다. 출처: Broekens, J., Harbers, M., Brinkman, W. P., Jonker, C. M., Bosch, K. V. D., & Meyer, J. J. (2012, September). "Virtual reality negotiation training increases negotiation knowledge and skil", *International Conference on Intelligent Virtual Agents*, pp. 218-230. Springer, Berlin, Heidelberg.

재까지 진행된 연구 결과만으로는 범용적으로 사용 가능한 전략을 도출하기에 분명한 한계가 존재한다. 하지만 자칫 쉽게 간과하고 지나가는 공간 디자인의 작은 변화가 의사결정 과정과 결과에 영향을 미칠 수 있다는 점에 경각심을 가지는 계기가 되었기를 바란다.

아바타,
기술이 아니라 사람이다

메타버스 공간 디자인 전략: 아바타와 사회적 접촉

6장

우리는 아바타와
교감할 수 있을까?

가상공간 아바타가
실제 자아에 미치는 영향

우리는 가상세계를 경험할 때 아바타* 없이 1인칭 시점을 취하기
도 하지만(슈팅게임shooting game이 대표적이다), 대부분의 경우 나를 대변
하는 아바타를 이용한다. 아바타를 이용한다고 해서 반드시 3인칭
시점은 아니며 VR챗과 같은 플랫폼이 제공하는 공간에서는 1인
칭 시점을 취할 수도 있다. 우리는 가상세계 아바타가 현재 우리
모습을 잘 대변하도록 꾸미기도 하지만, 사회적 시선 때문에 현실
에서는 표현하지 못한 숨겨진 모습을 아바타로 보여주고 싶어 하
기도 한다. 누구도 모르는 감춰진 끼를 아바타로 표현할 수도 있
지 않을까? 50대 중년이 가상공간에서 한참 교감을 나누고 말이
잘 통한다고 생각했던 사람과 실제 만났더니 십대 초등학생일지
누가 알겠는가? 여기서 한 가지 궁금증이 발생한다. 내가 어떤 모

---

* 　아바타avatar란 용어는 1992년 닐 스티븐슨의 SF 소설인 《스노우 크래쉬》에서 처음 사용되었고, 고
대 인도어로 '지상에 내려온 신의 모습'이란 의미이다.

습의 아바타를 사용하는지에 따라 가상현실과 현실세계에서의 내 생각과 행동에 변화가 생길까?

한편 우리는 가상현실에서 내 아바타가 아닌 타인의 아바타에 영향을 받을지도 모른다. 인간은 자신의 행동을 따라 하는 사람을 무의식적으로 좋아하게 된다. 이를 카멜레온 효과chameleon effect라 한다. 가상현실에서 만난 타인의 아바타가 내가 의식하지 못하게 내 행동을 따라 한다면 호감이 증가할까? 가상현실에서 만난 아바타가 나와 같은 일반 이용자가 아니라 가상스토어의 종업원이라면 어떨까?* 그들의 외모와 행동은 내 쇼핑 경험에 어떤 영향을 미칠까? 현재 가상스토어를 운영하거나, 운영할 계획인 기업이라면 반드시 고민해봐야 할 질문이다. 따라서 이번 장에서는 '아바타와의 교감'이라는 주제로 나와 타인의 아바타가 인간의 생각과 행동에 미치는 영향을 논의해보고자 한다.

미래를 생각하게 하는 아바타

먼저 인간이 아바타로 구현된 자신의 미래 모습을 볼 경우, 좀 더 미래 지향적인 사고를 하는지 살펴보도록 하자. 2011년 허쉬필

---

* 블록체인 기반의 메타버스 플랫폼인 디센트럴랜드Decentraland는 가상공간에서 아바타로만 근무하고 가상화폐로 월급을 받는 카지노 딜러를 채용해 화제가 되기도 했었다.

드Hershfield 교수 연구팀은 노인이 되었을 때의 모습을 시각적으로 보여줌으로써 은퇴를 대비한 저축을 늘리는 것과 같은 미래 지향적 행동을 유도할 수 있다는 연구 결과를 발표하였다.[28] 연구자들은 참가자를 두 그룹으로 나누어 HMD를 통해 현재 내 모습과 유사한 아바타 사진 또는 내가 70세 노인이 되었을 때의 아바타 사진을 각각 보여주었다. 그리고 뜻밖에 1,000달러(약 130만 원)가 생겼을 때 ①특별한 누군가를 위한 선물 구매, ②퇴직연금에 투자, ③재미있고 화려한 이벤트 개최, ④입출금 통장에 넣음에 각각 얼마씩 배분할지 결정하라고 요청하였다. 이는 아바타 유형에 따라 미래 지향적인 사고를 의미하는 퇴직연금에 얼마를 배분하는지를 보기 위한 질문이었다. 한편 노인 아바타의 모습을 보면 자칫 부정적 감정이 유발되어 결과가 왜곡될 가능성을 염두에 두고, 참가자들의 감정 상태를 묻는 질문도 추가하였다.

분석 결과, 70세 노인의 아바타를 보여준 그룹의 퇴직연금 배분이 현재 모습의 아바타를 보여준 그룹보다 확연히 높았다(172달러와 80달러). 또한 노인의 모습이 부정적 감정을 유발하지는 않았다. 따라서 미래의 나이 든 아바타의 모습을 시각적으로 선명하게 보여주면, 감정에 부정적 영향을 주지 않으면서도 현재보다 미래의 보상을 더 중요시하는 장기적 관점의 이성적 사고를 유도할 수 있는 것으로 보인다.

그렇다면 70세 노인 아바타의 모습이 나와 다른 인종과 성별일 때에도 똑같은 수준의 미래 지향적 사고를 유도할 수 있을까? 이를 확인하기 위해 참가자를 두 그룹으로 나누고 각각의 그룹에 나이 든 내 모습의 아바타 또는 타인 모습의 아바타를 보여준 후, 미래 지향적 사고 정도를 비교하는 추가 실험을 진행하였다. 미래 지향적 사고의 정도는 현재 월 소비 금액과 은퇴 후 월 소비 금액에 차이가 있는 선택지 여섯 개(선택지 1에서 선택지 6으로 갈수록 현재 소비 금액 감소, 미래 소비 금액 증가)를 제시한 후 어떤 선택을 하는지를 비교 분석하여 확인하였다. 그 결과 타인보다 나의 나이 든 모습을 본 경우 미래 지향성이 확연히 높았다.

다음으로 HMD를 쓰지 않고 컴퓨터 화면으로 나이 든 내 모습의 아바타를 보여주는 것만으로도 미래 지향적 사고가 증가하는지 확인하였다. 이는 PC만으로도 체험 가능한 비몰입형 가상현실에서도 동일한 결과를 얻을 수 있는지 확인하기 위함이다. 실험 3~4일 전 참가자들이 미리 찍어둔 세 장의 사진(웃는 모습, 슬픈 모습, 무표정)을 이용하여 미래 지향적 사고를 평가할 수 있는 문항들을 개발하였다. 왼쪽에서 오른쪽으로 갈수록 은퇴 후 소득 비율이 높게 설정된 바 그래프에서 현재와 미래의 소득 비중을 조절하여 선택하도록 하였다(그림 참조). 막대가 현재 소득의 비중이 높은 왼쪽 끝으로 가면 슬픈 모습이, 가운데는 무표정이, 미래 소득의 비중이 높은 오른쪽 끝으로 가면 웃는 모습의 사진이 각각 나타나도록 하였다. 단, 아바타의 나이에 따라 그룹을 구분하여 한 그룹에

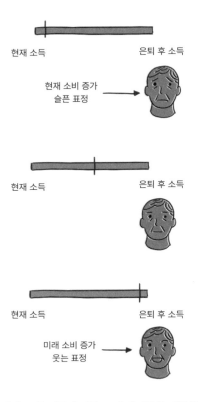

아래 척도에서 당신이 선호하는 은퇴 후
소득 비율 정도를 선택하시오.

현재 소득   은퇴 후 소득

현재 소비 증가
슬픈 표정

현재 소득   은퇴 후 소득

현재 소득   은퇴 후 소득

미래 소비 증가
웃는 표정

은퇴 후 소득 비중에 따른 65세 아바타의 표정 변화

는 현재 모습의 사진을, 다른 그룹에는 65세가 된 미래 모습의 사
진을 보여주었다.

실험 결과, 나이 든 미래 모습의 아바타를 보여준 경우 상대적

으로 퇴직연금에 가중치가 높은 선택을 했다. 한편 사진의 표정이 집단 간 차이에 영향을 주진 않았는지 확인하기 위해 무표정의 사진만으로 세 조건을 구분하며 같은 실험을 진행했는데, 결과는 동일했다. 이는 HMD를 사용하는 몰입형 가상현실이 아닌 PC 기반의 비몰입형 가상현실에서도 미래 나이 든 자신의 모습을 보여줌으로써 미래 지향적 사고를 이끌어낼 수 있음을 의미한다. 연구자들은 우리가 일상에서 미래 중심적 사고를 하지 못하는 이유가 현재 자아의 모습은 선명한 반면, 미래 자아의 모습은 쉽게 떠올릴 수 없기 때문이라고 설명한다. 따라서 미래 자아의 모습을 시각적으로 보게 되면 우리의 책임감과 의무감이 자극을 받아 미래 지향적 의사결정을 내리는 데 도움이 될 수 있다.*

이처럼 아바타를 활용해 미래 지향적 사고를 유도하는 방식은 다양한 목적으로 가상현실에 적용될 수 있다. 예를 들어 흡연, 과식, 음주 등의 잘못된 생활습관을 바꾸도록 돕는 클리닉에서는 생활습관을 바꾸지 않고 지금처럼 생활할 경우 예상되는 미래 모습을 보여줌으로써 행동 변화에 동기를 부여할 수 있다. 이 연구는 담배갑에 입이나 폐가 썩어 문드러진 공포감을 극대화한 사진을

---

* 브랜드가 소비자로 하여금 미래의 부정적 모습을 상상하도록 만들 경우, 실패할 가능성이 증가하므로 주의가 필요하다. 예를 들면, 1955년 미국의 식품업체인 하인즈Heinz는 성인용 이유식을 최초로 출시하여 기대를 모았다. 2년 남짓 소비하는 아기들과 달리 시니어들은 약 15년 정도 소비할 수 있기 때문이다. 하지만 시장의 반응은 처참했고, 하인즈의 마케터는 실패 이유를 치아가 없는 노인의 모습을 연상시켰기 때문이라고 회고했다. 출처: 정지원, 유지은, 염선형, 《뉴그레이: 마케터를 위한 시니어 탐구 리포트》, 미래의 창, 2022, pp. 23-24.

넣어도 금연 유도에 큰 효과가 없는 이유를 설명해준다. 물론 흡연자들이 금연 광고를 가릴 수 있는 담배 케이스를 구매하기 때문일 수도 있지만, 사진이 자신의 입과 폐가 아닌 타인의 모습이기 때문일 가능성이 높다. 인종, 성별이 다른 타인의 나이 든 모습을 보여주어도 미래 지향적 사고를 유도하는 데 큰 효과가 없었듯이 다른 흡연자의 비극적 결말은 금연에 큰 효과가 없을 것이다. 만약 가상현실에서 타인이 아닌 자신의 모습을 투영한 비극적 결말의 시각적 정보에 노출된다면, 잘못된 생활습관을 바로잡는 데 보다 효과적일 수 있다.

아바타를 이용한 공감 능력 훈련의 가능성

아바타의 외형이 사용자의 태도와 행동에 어떠한 영향을 미칠 수 있는지를 분석한 다른 연구를 살펴보자. 현실세계에서의 내 모습과 다른 아바타의 외형은 일종의 사회적 점화social prime*를 유발함으로써 가상세계에서 차별적인 행동을 유도할 수 있다고 알려져 있다. 예를 들면, 검정색 유니폼을 입은 아바타 사용자는 상대적으로 공격적인 태도를 보인다고 한다.

---

* 심리학에서 말하는 점화는 인간의 기억 속에 존재하는 특정 연상에 불을 붙여 활성화시키는 것을 의미한다. 따라서 사회적 점화는 특정 사회적 역할과 행동에 관련된 연상이 떠오르게 하는 것을 말한다.

그렇다면 아바타의 나이도 가상공간 사용자의 사고와 행동에 영향을 미칠까? 2015년 유승철 교수 연구팀은 이와 관련된 주제로 가상스토어에서 아바타의 나이가 쇼핑객의 태도와 행동에 어떠한 영향을 미치는지를 분석한 실험 결과를 발표하였다.[29] 구체적으로 노인 아바타를 사용할 경우 가상스토어에서 노인처럼 느리게 걷는지, 노인 관련 제품을 선호하는지, 노인 돕기 자선단체에 더 긍정적 태도를 보이고, 시간적·금전적 기부 의도가 증가하는지 등을 살펴보았다.

먼저 PC 기반의 비몰입형 가상서점을 제작한 후, 서점에 들어가기 전 입구에서 각 참가자들이 이용하는 아바타의 얼굴(젊은 얼굴 또는 노인 얼굴)을 확대한 사진을 약 60초간 보여주었다. 이후 참가자는 가상서점 반대쪽 끝에 위치한 판매원에게 다가가 두 개의 여행 매거진(A, B) 가운데 하나를 선택하는 미션을 수행하였다. A 매거진은 모험을, B 매거진은 휴식을 강조했고, 사전조사에서 각각 젊은 사람과 나이 든 사람이 선호하는 것으로 나타났다.

연구자들은 노인 아바타 얼굴에 노출되면 아바타가 노인과 같이 느린 걸음으로 걷는지 확인하기 위해, 시작점에서 종업원을 만날 때까지 소요된 시간을 측정하였다. 또한 페이스북 버전으로 노인 돕기 자선단체 홈페이지를 제작한 후 페이스북 친구추가 의도, 노인 돕기 자선단체에 대한 태도와 시간적·금전적 기부 의도를 측정하여 노출된 아바타의 나이에 따른 차이가 있는지 비교 분석

하였다. 한편 참가자가 평소 노인에게 가진 편견이 결과에 영향을
미칠 수 있다는 판단에 따라, 실험 진행 3주 전에 편견 여부를 미
리 측정("나는 개인적으로 노인과 함께 시간을 보내고 싶지 않다"라는 문장에 동
의하는 정도 등)하였다.

실험 결과, 종업원을 만날 때까지 소요된 시간은 노인 아바타
를 이용하는 경우 상대적으로 길었다(17.78초와 15.81초). 기존 오프라
인 연구에서 노인 관련 단어를 보여준 후 귀가하라고 했을 때 엘
리베이터까지 걸어가는 속도가 느려졌다는 사실은 확인되었으나,
가상현실에서도 노인 아바타의 움직임이 느려졌다는 결과는 매우
흥미롭다. 다음으로 두 종류의 여행 매거진 선택 비율을 분석한
결과, 젊은 아바타 조건에서는 모험을 강조한 매거진을 선택한 비
율이 높은 반면 노인 아바타 조건에서는 휴식을 강조한 매거진을
선택한 비율이 상대적으로 높았다.

한편 노인 아바타 조건에서 페이스북 노인 돕기 자선단체를 친
구추가하려는 의도가 높았으며, 금전적·시간적 기부 의도도 높았
다. 반면 노인 돕기 자선단체를 향한 태도는 아바타의 나이에 따
른 차이가 없었다. 연구자들은 그 이유를 천장효과ceiling effect, 즉
두 경우 모두 5점 만점의 문항에서 4점 이상으로 높게 나와 유의
한 차이가 발생하지 않았기 때문으로 설명한다.*

---

* 좀 더 미세한 차이를 확인할 수 있는 7점이나 11점 척도를 사용했더라면 통계적으로 유의한 차이가 나
타날 가능성도 있다.

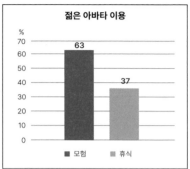

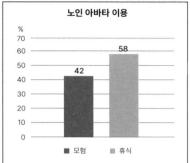

아바타의 나이에 따른 여행 매거진 선택 비율

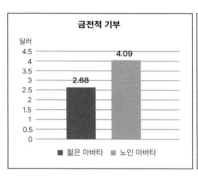

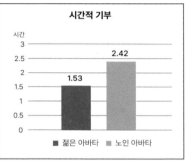

아바타의 나이에 따른 시간적·금전적 기부 의도 변화

마지막으로 노인 아바타를 이용할 때 발생하는 쇼핑객의 태도와 행동 변화가 평소 노인에게 지닌 편견에 따라 달라지는지 분석하였다. 그 결과 평소 노인에 대해 부정적 편견이 큰 집단의 경우 걸음의 속도에는 차이가 없었으나(즉, 노인 아바타의 경우 느리게 걸었다), 노인 관련 광고 매거진 선택, 페이스북 친구추가, 금전적·시간적 기부 의도는 편견이 작은 집단보다 낮았다.

이상을 요약하면, 노인 아바타를 이용하는 경우 현실세계뿐 아니라 가상세계에서도 노인에게 보다 긍정적 태도와 행동을 보였다. 다만 평소 부정적인 선입견을 가진 경우에는 그 효과가 줄어들었다. 이러한 결과는 평소 부정적 편견은 없지만 사회적 약자(장애인, 어린이, 노약자, 임산부 등)에 큰 관심이 없는 중립적 태도를 가진 사람들의 긍정적인 태도 함양과 행동 개선에 VR 체험을 활용할 수 있음을 보여준다. 이 실험은 컴퓨터 스크린을 이용한 비몰입형 가상공간에서 진행되었는데, 어쩌면 몰입형 가상공간에서 아바타의 실재감이 높아질수록 효과가 더 크게 나타날지도 모른다.

2014년 동물복지 기관인 페타People for the Ethical Treatment of Animals; PETA 는 대량 가축 사육의 문제를 지적하기 위해 VR 기기로 좁은 울타리에 갇힌 닭의 관점(1인칭 시점)에서 세상을 바라볼 수 있는 "I, Chicken"이라는 이벤트를 대학 캠퍼스에서 시행하였다. 비록 가상현실 체험에 참여한 대학생 수는 30명에 불과했지만, 많은 학생이 이 행사에 관심을 갖고 현장을 방문해서 홍보 자료를 수령해 갔다고 한다. 이 행사는 닭을 더 이상 고기나 달걀로 보지 않고 하나의 생명체로 바라보는 관점을 제공하였다는 점에서 긍정적인 평가를 받았다. 페타가 이 행사에서 VR 체험자들의 가입이나 기부를 독려했는지는 확인할 수 없으나, 노인 돕기 페이스북 가입에 대한 앞선 연구 결과를 볼 때 체험자들의 반응은 긍정적이었을 것으로 보인다.

한 대학생이 VR 기기를 쓰고 닭의 시점에서 가상체험을 하고 있다. (출처: 페타)

　이러한 연구 결과들을 좀 더 확대 해석해보면, VR 체험이 공감 능력을 키우는 데 도움을 줄 수 있지 않을까? 백인이 VR 기기를 쓰고 흑인 입장에서 경찰의 과잉 진압을 겪어보거나, 어른이 아이의 눈높이에서 부모의 아동학대를 경험해보는 방식으로 공감 능력을 개선하는 가능성을 생각해볼 수 있다. 물론 앞선 연구 결과를 볼 때 이미 심한 편견을 가진 경우에는 그 효과가 제한적일 수 있다. 따라서 편견이 형성되기 전 어린아이의 공감 능력을 키우기 위한 교육에 VR 체험을 적극 활용하는 방법이 더 의미 있을지도 모른다.

아바타의 나이와 성별에 따른 인식 차이

그런데 가상현실에서 젊은 사람이 노인 아바타를 사용하는 상황보다 60대 이상의 시니어들이 젊은 아바타를 사용하는 경우가 더 일반적이지 않을까? 실제보다 젊어 보이고 싶어 하는 인간의 욕구를 고려하면 그럴 가능성이 높다. 한때 69세의 라텔반트 Emile Ratelband라는 네덜란드 남성이 국가를 상대로 본인의 법적 나이를 체감 나이인 49세로 변경해달라는 소송을 제기해 화제가 된 적이 있었다.[30] 나이 차별로 구직이 어렵고 데이팅 앱에서 여성의 관심을 끌기 어렵다는 이유에서였다. 그는 이름과 성별은 변경이 되는데 왜 자신이 차별로 고통받는 나이는 변경이 안 되느냐는 논리를 폈다. 하지만 현재 많은 법적 권리가 나이에 기반하고, 나이를 낮추는 게 아니라 높여달라고 주장하는 사람도 생겨날 수 있어 혼란이 초래될 수 있다는 이유로 소송은 기각되었다. 가상현실은 라텔반트와 같은 시니어들이 소송을 제기하지 않고도 스무 살 젊은 아바타로 살아갈 수 있는 꿈의 공간이 될 수 있다. 이에 따라(물론 변화를 섣불리 예측할 수는 없지만), 시니어들이 가상세계 아바타의 젊은 라이프 스타일을 현실세계에 동기화하고 싶어 할 가능성을 고려해 시니어를 타깃으로 하는 브랜드들의 생각도 보다 젊어져야 할 필요가 있다.[31]

한편 이 연구에서는 아바타의 나이 효과에 관심을 보였지만, 아바타의 성별 효과에도 관심을 가질 필요가 있다. 이성 친구에게 선물할 제품을 구매할 때, 이성의 아바타를 이용해 가상스토어에서 쇼핑한다면 이성 친구가 좋아할 만한 선물을 보다 잘 선택할 수 있을까? 아니면 이성의 마음과 공감하려는 노력이 오히려 자신의 선호를 타인의 선호로 착각하게 만들 가능성self-referential preference prediction을 높여 더 잘못된 선택을 할까?* 앞으로 더 많은 연구가 언젠가 하나둘 우리의 궁금증을 해결해줄 것이다.

아바타도 카멜레온 효과를 낳는가

내 아바타가 아닌 타인의 아바타는 내 행동에 어떤 영향을 미칠까? 2005년 베일렌슨Bailenson 연구팀은 디지털 카멜레온 효과 digital chameleon effect를 검증한 연구 결과를 발표하였다.[32] 내 행동을 누군가 따라하면 더 호감을 가지게 된다는 카멜레온 효과가 사람이 아닌 디지털 휴먼, 즉 아바타가 내 행동을 따라 해도 같은 효

---

* 하툴라Hattula 교수(2015) 연구팀은 상식과 달리 마케터가 고객과 공감하려고 노력할수록 오히려 자기중심적 의사결정을 하거나 시장조사 결과를 무시하게 될 수 있다는 연구 결과를 발표하였다. 즉, 마케터는 두 개의 정체성(마케팅 전문가, 일반 소비자)을 가지는데 공감 노력이 일반 소비자의 정체성을 강화하여 자기가 좋아하는 것을 고객도 좋아하리라 믿는 자기 참조 선호 편향self-referential preference prediction에 빠질 수 있다. 이 연구 결과로 짐작해보건대 이성의 아바타를 사용하는 것이 이성이 원하는 제품을 선택하는 데 도움이 된다고 단정하기는 어려워 보인다.

과를 내는지 확인한 것이다.

실험 참가자는 아바타의 모방 행동 여부에 따라 두 그룹으로 나뉜 후 HMD를 착용하고 맞은편에 보이는 아바타가 주장하는 캠퍼스 보안 정책 얘기를 들었다. 첫 번째 그룹에서는 참가자들이 의식하지 못하게 맞은편 아바타가 참가자의 머리 움직임(위아래로 움직이기pitch, 좌우로 움직이기yaw, 한 바퀴 돌리기roll)을 정확히 4초 후에 따라 하였다. 반면 두 번째 그룹에서는 아바타가 현재 참가자가 아닌 이전 참가자의 머리 움직임을 따라 하여 사실상 참가자의 움직임과 다르게 행동하였다. 그 결과 맞은편 아바타가 자신의 머리 움직임을 따라 하는 조건의 참가자들이 13개 기질trait 항목으로 이루어진 아바타의 인상을 더 긍정적으로 평가했으며, 보안 정책 주장에 설득력이 높다고 평가하였다. 이는 아바타의 비언어적 공감 행동이 호감을 증가시킬 뿐 아니라 설득에도 긍정적 효과를 미칠 수 있음을 말해준다. 물론 상대가 의식할 수 있을 만큼 눈에 보이게 따라 하는 행동은 오히려 부정적 결과를 초래할 수 있어 주의가 필요하다.

호감형 혹은 신뢰형,
어떤 아바타 판매원에게 더 끌릴까?

마지막으로 아바타 판매원의 존재가 쇼핑객에게 미치는 영향을 생각해보자. 일반적으로 오프라인 쇼핑몰에 비해 온라인 쇼핑몰에는 몇 가지 단점이 있다. 우선, 고객과의 사회적 접촉이 부족하며 맞춤 정보를 제공하기 어려울 뿐 아니라 쇼핑 경험의 즐거움이 다소 낮아질 가능성이 있다. 따라서 아바타 판매원이 온라인 쇼핑의 한계를 극복하는 데 도움이 된다면, 쇼핑 만족도를 증가시키고 쇼핑몰에 충성도를 높이는 좋은 전략으로 활용해볼 수 있다.

그렇다면 어떤 아바타 판매원이 쇼핑객에게 더 긍정적 영향을 미칠까? 조건에 따라 유리한 아바타 판매원 유형이 존재할지 모른다. 2006년 홀츠바르트Holzwarth 연구팀은 온라인 쇼핑몰에서 아바타 판매원이 쇼핑객에게 긍정적 영향을 주는지, 만약 그렇다면 어떤 유형의 아바타 판매원이 어떤 조건에서 더 긍정적인지를 보여주는 연구 결과를 발표하였다.[33]

호감도와 신뢰도는 어떤 조건에서 유리한가

이 연구는 독일에서 진행되었는데 아바타 판매원의 추천에 따라 고객이 맞춤형 레저 신발을 구매하는 상황을 설정하였다. 실험 참가자들은 판매원의 유형(매력적인 판매원, 전문성이 높은 판매원, 특성 없음)과 소비자 관여도 수준(중간 또는 높음)*에 차이가 있는 여러 조건 가운데 하나를 경험하였다. 아바타 판매원의 유형은 매력도와 전문성에 차이를 두고자 외모, 근무 기간과 교육 수준credentials, 쇼핑객에게 제공하는 정보 유형에 차이가 나도록 서술한 후 아바타의 사진과 함께 제시하였다. 구체적으로 매력적인 아바타는 젊고, 날씬하고, 탄탄한 몸을 가졌으며, 최근 고용되었지만 충분한 교육을 받았고, 제품을 설명할 때 신발의 패션 스타일을 강조하는 반면, 전문성이 높은 아바타는 연령대가 상대적으로 높고, 안경을 착용, 몸은 덜 탄탄하고, 20년 이상 해당 분야 경력이 있으며, 제품을 설명할 때 신발의 인체공학적 설계를 강조한다. 이후 조건에 따라 참가자들이 아바타 판매원, 쇼핑몰, 신발 제품을 평가한 항목들의 값을 비교하였다.

실험 진행 절차와 방법은 다음과 같다. 먼저 아바타 판매원이

---

* 　관여도를 저低 조건 없이 중中과 고高 조건만 비교한 이유는, 관여도가 너무 낮으면 새로운 정보 자체에 관심이 낮아져 아바타 유형에 따른 소비자 반응의 차이 분석이 의미가 없기 때문이다.

환영 인사를 한 후, 참가자들이 수행해야 할 임무를 안내한다. 다음으로 참가자들은 아바타 판매원의 추천에 따라 신발 옵션(사이즈, 소재 등)을 선택하고, 옵션 선택에 따른 가격(92.40달러, 94.40달러, 96.40달러)을 확인한 후 옵션 변경 여부를 결정한다. 마지막으로 신발 제품이 얼마나 자신과 관련 있고 중요한지를 판단하는 관여도 involvement 와 아바타 종업원 평가(매력도, 전문성, 호감도, 신뢰도), 쇼핑몰 평가(재미, 정보 제공, 만족도), 제품에 대한 태도와 구매 의도에 관한 질문들에 응답하게 하였다.

우선 아바타 판매원의 존재가 쇼핑객에게 긍정적 영향을 미치는지 분석한 결과, 아바타 유형에 관계없이 아바타 판매원이 존재하는 경우 쇼핑몰을 더 재미있고 유용한 정보를 제공해주는 사이트로 인식했다. 또한 쇼핑몰 이용 만족도와 판매 제품에 대한 태도 및 구매 의도가 증가했다(표 참고).

다음으로 관여도 수준에 따라 쇼핑 경험에 더 긍정적인 효과를 주는 아바타 유형에 차이가 있는지 분석한 결과, 고관여의 경우 전문성(매력도 대비)이 높은 아바타 조건에서 쇼핑몰 만족도, 제품에 대한 태도, 구매 의도가 모두 높았다. 이러한 결과는 전문성이 높은 아바타 판매원의 경우 (고관여에서 중요한) 메시지 발신자에 대한 신뢰도가 높기 때문으로 해석할 수 있다. 반면 관여도가 중간 수준인 경우, 매력도가 높은 아바타가 더 효과적이었다. 이는 매력도가 높은 아바타의 경우 (관여도가 낮을 때 중요한) 메시지 발신자에게

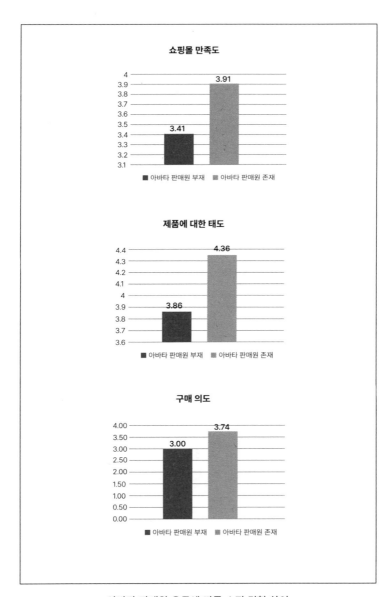

아바타 판매원 유무에 따른 쇼핑 경험 차이

느끼는 호감도가 높기 때문이라 할 수 있다.

그렇다면 매력도와 전문성을 모두 갖춘 아바타는 슈퍼 히어로로의 능력을 발휘할까? 연구팀은 매력도와 전문성을 조합한 다른 조건의 아바타 유형(매력도와 전문성이 동시에 높은 아바타 또는 둘 다 낮은 아바타)을 개발한 후 추가 실험을 실시하였다. 그 결과 매력도와 전문성 각각의 효과는 유의하나 둘의 조합에 따른 시너지 효과는 발생하지 않았다.

정리하자면, 가상스토어에서 아바타 판매원을 활용한 소비자와의 소통은 오프라인 대비 온라인 쇼핑몰의 한계를 어느 정도 극복하는 데 도움이 되었다. 단, 가상스토어는 판매원의 도움을 받아 여러 옵션을 선택해야 하는 컨설팅이 요구되어 구매 과정이 다소 복잡할 뿐만 아니라, 고객과 쌍방향 소통(정보 제공과 옵션 클릭)이 가능한 상황을 설정해야 한다는 점에 유의해야 한다. 이는 과정이 단순한 일반 제품의 구매 의사결정과는 다소 차이가 있다. 따라서 이 결과를 모든 온라인 쇼핑몰에 일반화하는 데 주의가 필요하다.

한편 본 연구는 소비자의 관여도를 고려하여 효과적인 아바타 판매원의 유형을 설계할 필요성을 말해준다. 관여 수준이 높은 경우에는 전문성을 강조하는 아바타 판매원 설계가, 중간 정도 수준인 경우에는 매력도를 강조하는 아바타 판매원 설계가 효과적이며, 두 가지 특성을 모두 가진 아바타를 개발한다고 해서 긍정적 효과가 강화되지는 않는다.

아바타의 미래

가상현실에서 우리가 사용하는 아바타는 빠른 속도로 진화하고 있다. 이제 가상현실에서 실시간으로 내 표정과 동작을 따라하는, 내 얼굴을 꼭 닮은 아바타로 상대와 대화를 나눌 수 있다. 메타가 진행 중인 코덱 아바타codec avatar 프로젝트가 대표적인데 아이폰 스캔만으로도 VR에서 사용 가능한 실감형 아바타를 쉽게 만들 수 있다.

국내의 경우, 스타트업 기업 '에이아이파크AIPARK'가 아바타에 인공지능 기술을 적용한 아이바타(에이아이와 아바타의 합성어) 솔루션을 개발해 주목받고 있다.[34] 텍스트 내용만 입력하면, 내가 선택한 아바타가 화면에 나타나 원하는 목소리 톤과 속도로 얘기한다. 에이아이파크는 아바타의 입 모양과 혀 모양을 대화 내용과 동기화 Speech to Face; STF 시켜 실재감을 높였다. 지금은 다섯 개의 유형(남자 둘, 여자 셋)만 선택이 가능하지만 향후 코덱 아바타와 같이 우리 얼굴을 닮은 아바타를 만들 수 있게 되면, 중요한 프리젠테이션을 긴장해서 망치는 일도 없어질 것이다. 게다가 영어, 중국어, 일어, 인도네시아어 등 다양한 언어를 지원하므로 가상현실에서 나를 꼭 닮은 아바타가 외국어를 실감 나게 하는 모습을 보게 될 날도 머지않았다.

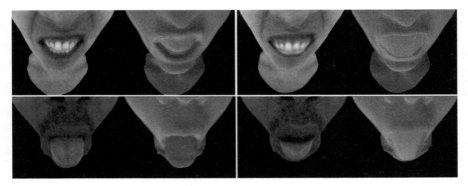

코덱 아바타는 사용자의 표정을 스캔하여 아바타가 그대로 따라하는 기술을 개발했다. (출처: 메타)

한편 아바타는 우리의 얼굴뿐 아니라 신체 전반의 모습까지 닮아가고 있다. 과거에는 양손에 쥔 컨트롤러의 움직임을 반영하여 상체의 동작만 따라 하던 아바타가 이제는 하체의 동작까지 따라 한다. 한 손에 칼을 들고 음악에 맞춰 날아오는 비트를 자르는 VR 최고 인기 게임인 비트 세이버를 언젠가 발을 이용한 피트 세이버 feet saber 게임이 대체할지도 모른다. 최근 선보인 양쪽 손에 쥐는 컨트롤러에는 카메라가 부착되어 아바타가 하체 움직임을 반영하게 되었기 때문이다. 또한 캣워크 c2 Kat Walk c2 란 제품은 트레드밀 위에서 사용자가 전용 운동화를 신고 움직이면 동작을 인식해 아바타의 움직임에 반영한다. 미국 카네기멜런대학의 퓨쳐 인터페이스 그룹 Future Interfaces Group 은 이와 같은 새로운 VR 기기들을 빠르게 개발하고 있다.

이처럼 아바타가 점점 더 진화할수록 인간의 생각과 행동에 미치는 영향도 함께 커질 것으로 기대된다. 아바타는 우리가 선택하지만, 그 효과는 무의식적으로 작용하는 만큼 선택의 결과를 통제하기는 쉽지 않다. 따라서 소비자로서는 내가 선택한 아바타의 모습이 현실과 가상세계에서의 내 태도와 행동에 어떤 영향을 미칠지를 이해하는 것이 중요하며, 기업으로서는 소비자에게 더 긍정적 평가를 받을 수 있는 모습으로 고객과 판매원의 아바타를 디자인하려는 노력이 필요하다.

7장
가상으로 만지고 느끼고 소유한다는 것

보는 쇼핑, 만지는 쇼핑,
만지는 것을 보는 쇼핑

현실세계와 달리 가상세계에서는 원하는 촉각 정보를 완벽하게 전달하기가 어렵다. 하지만 그렇다고 촉각이 중요하지 않다는 얘기가 아니다. 직접 접촉하기는 불가능해도 타인의 접촉을 지켜보거나, 실제 감각 정보와 일치하지 않는 유사한 초음파 자극을 받기만 해도 인간의 행동은 유의미한 영향을 받는다.

한편 가상세계에서 우리가 경험하는 접촉은 물건 또는 제품과의 접촉에 한정되지 않는다. 가상세계에 존재하는 또 다른 누군가를 만나 악수를 나누고 포옹을 하는 등 다양한 사회적 접촉을 할 수 있다. 가상세계에서 나와 같은 공간에 존재하는 타인은 가상체험 만족도에 득이 될까, 해가 될까? 가상박물관을 조용히 나 홀로 돌아다니는 쪽이 즐거울까 아니면 여러 아바타와 같이 사진을 찍고 함께 교류하는 쪽이 더 즐거울까? 이처럼 가상세계에서 경험하는 접촉과 상호작용이 우리에게 미치는 영향은 현실세계와 다

마크 저커버그는 2017년 페이스북 소셜 VR 책임자인 레이첼 프랭클린과 푸에르토리코를 가상 방문하는 동영상을 올렸다. (출처: 마크 저커버그 페이스북)

른지와 같은 수많은 의문점이 존재한다. 다행히 우리의 호기심을 해결하는 데 단서가 되어줄 몇몇 연구 결과가 있다.

접촉과 소유 상상

2003년 미국 일리노이주 법무장관은 "연휴 기간에 쇼핑할 때, 제품을 만져보도록 하거나, 내 것이라고 상상하도록 유도하는 유통업자들을 경계해야 한다"라고 경고해 화제가 되었다. 이는 소비자로 하여금 충동구매를 하도록 유도하여 불필요한 소비를 조장하기 때문으로 해석된다.

　2009년 펙Peck 교수 연구팀은 법무장관의 경고가 타당한지, 그렇다면 그 이유가 무엇인지를 밝히는 실험 결과를 발표하였다.[35] 물론 만져봐야 제품에 대한 새로운 정보를 얻고 진정한 가치를 알 수 있는 제품이라면, 구매 전 접촉의 긍정적 효과는 쉽게 예측할 수 있다. 하지만 새로운 정보라고 할 것이 전혀 없는 우리에게 이미 친숙한 제품(머그잔)일 때도 접촉의 긍정적 효과가 나타날까? 결론부터 말하면, 이 경우에도 일단 제품을 만지고 나면 내 것이라는 소유감이 느껴져 제품의 가치는 높아질 수 있다. 심지어 제품을 직접 만지지 않아도 소유했다고 상상하는 것만으로도 제품의 가치는 높아진다고 한다. 이제부터 실험 연구의 구체적인 절차와 방법을 살펴보자.

우선 실험 참가자를 제품을 접촉한 경험touch 여부와 소유했다고 상상ownership imagery한 여부에 따라 네 그룹(G1~4)으로 분류하였다. 즉, 제품 접촉은 있었지만 소유 상상은 하지 않은 G1, 제품 접촉 없이 소유 상상만 한 G2, 제품 접촉과 소유 상상을 모두 한 G3, 제품 접촉과 소유 상상을 모두 하지 않은 G4로 분류하였다. 실험에 사용된 제품은 접촉으로 추가 정보를 얻을 가능성이 낮은 머그잔과 슬링키slinky 였으며, 소유 상상 조건에서는 "집으로 제품을 가져간다고 상상해보세요. 어디에 보관할까요? 그것으로 무엇을 할 건가요?" 등을 생각해보도록 했다. 이후 그룹 간 제품에 느끼는 소유감과 가치 평가에 차이가 있는지 비교 분석하였다.

그 결과 제품을 만지거나 소유 상상을 한 경우 제품에 대한 소유감이 증가했고 가치를 높게 평가했다. 하지만 제품에 대한 접촉 경험과 소유 상상이 결합된다고 소유감과 가치 평가에 더 긍정적 영향을 미치지는 않았다. 즉, 제품 접촉과 소유 상상은 각각 효과를 가질 뿐 결합에 따른 시너지 효과가 나타나지는 않는다. 여기서 한 가지 주의할 점이 있다. 접촉 경험은 소유감을 증가시킬 수 있지만, 접촉이 부정적 감정을 유발할 경우 제품 가치 평가는 오히려 낮아질 가능성이 있다.

이를테면 머그잔과 슬링키가 아니라 거친 소재로 만든 스웨터라면 어떨까? 제품을 만질 때 긍정적 감정은 아니어도 부정적 감정은 불러오지 않아야 의도한 접촉 경험 효과를 얻지 않을까? 이를 확인하고자 접촉했을 때 긍정적 감정을 유발할 가능성이 높은 슬링키와 부정적 감정을 유발할 가능성이 높은 플레이 폼 비즈 play foam sculpting beads의 접촉 경험 효과를 비교하였다. 그 결과, 제품 유형에 상관없이 접촉 경험은 소유감을 증가시키지만 예상한 대로 부정적 감정을 불러오는 제품(예를 들어, 플레이 폼 비즈)의 경우 가치 평가에는 부정적인 것으로 나타났다.

요컨대 제품 유형에 상관없이 제품을 만지거나 소유하고 있다고 상상하는 것만으로도 소유감이 높아져 제품 평가가 긍정적일 수 있다. 다만 접촉 경험이 제품 평가에 미치는 효과는 소유감뿐 아니라 감정적 반응이 함께 영향을 미치므로 이중 경로를 고려할 필요가 있다.

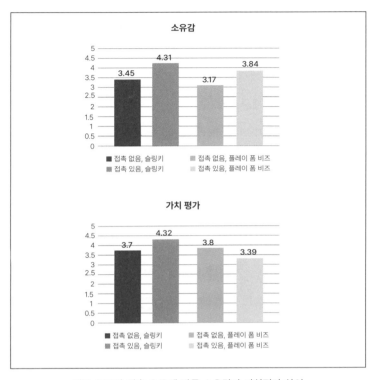

제품 종류와 접촉 유무에 따른 소유감과 가치평가 차이

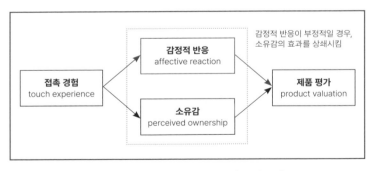

접촉 경험이 제품 평가에 영향을 미치는 이중 경로

이를 가상스토어에 적용하면 구매 전 제품을 만져보는 것이 가능한 오프라인 매장(물론 오프라인의 경우에도 제품 패키지를 뜯어서 체험해볼 수 없는 경우가 많다)에서는 소유 상상이 큰 의미가 없을 수 있으나, 촉각 정보 전달의 제한으로 구매 전 실물을 만져볼 수 없는 가상스토어에서는 쇼핑객의 소유 상상을 이끌어냄으로써 제품의 가치를 높일 수 있다. 실물이 없는 가상세계에서만 사용 가능한 아이템을 판매할 때 이러한 전략은 특히 유용할 것이다.

그렇다면 가상스토어에서는 접촉 경험의 효과가 전혀 없다고 단정할 수 있을까? 접촉과 관련된 시각이나 청각 정보는 충분히 전달 가능하지 않을까? 예를 들어 내 아바타가 시각적으로 접촉하는 모습을 보여주고, 접촉에서 발생하는 소리를 들려준다면 어떨까? 또한 완전한 촉각 전달은 어렵지만 햅틱슈트를 착용하면 유사 자극 전달은 가능할지도 모른다. 그렇다면 가상현실에서도 어쩌면 접촉 경험의 효과를 기대해봐도 좋을 것이다.

대리 접촉은 소유감에 어떤 영향을 미치는가

2020년 루앙라스 Luangrath 연구팀은 자신이 직접 제품을 만지는 것이 아닌 타인의 접촉을 관찰하는 대리 접촉 vicarious touch 의 경우에도 접촉 효과가 발생하는지, 그렇다면 관찰자의 시점이 1인칭

인지 3인칭인지에 따라 그 효과가 달라지는지를 확인한 연구 결과를 발표하였다.[36] 먼저 참가자를 두 그룹으로 나눈 후, 한 그룹에는 손목시계를 손으로 가리키는 비디오 영상(접촉 없음)을 보여주고 다른 그룹에는 손목시계를 손으로 들어 올리는 비디오 영상(대리 접촉)을 각각 보여준 후, 그룹 간 신체 소유감 body ownership 과 심리적 소유감 psychological ownership의 차이를 비교하였다. 신체 소유감은 "비디오를 시청하는 동안, 화면 속 손이 내 손인 것처럼 느꼈다", 심리적 소유감은 "나는 시계를 개인적으로 소유한 것처럼 느꼈다"라는 문장에 각각 동의하는 정도로 측정하였다. 그 결과 접촉이 없는 조건에 비해 대리 접촉한 조건에서 신체 소유감과 심리적 소유감이 모두 높았다.

다음으로 대리 접촉의 관찰자 시점(1인칭과 3인칭)에 따라 심리적 소유감에 차이가 나는지 확인하고자 추가 실험을 하였다. 참가자들에게 테이블에 손을 가만히 올려둔 모습의 영상(접촉 없음)과 제품의 표면을 만지는 영상(대리 접촉)을 각각 1인칭, 3인칭 시점으로 보여주었다. 그 결과 접촉이 없는 경우에는 1인칭과 3인칭 시점에 따른 심리적 소유감에 차이가 없는 반면, 대리 접촉의 경우 1인칭 시점의 심리적 소유감이 3인칭 시점보다 높게 나타났다. 실험에서 신체 소유감을 직접 측정하지는 않았지만, 앞선 실험 결과로 볼 때 1인칭 시점에서 신체 소유감이 증가하여 심리적 소유감이 함께 높아진 것으로 해석할 수 있다.

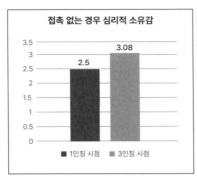
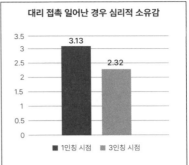

시점과 접촉 여부에 따른 심리적 소유감 차이

그렇다면 대리 접촉의 효과가 비디오 시청이 아닌 가상현실에서도 유지될까? 또한 대리 접촉은 심리적 소유감을 넘어 최대지불의향Willingness To Pay; WTP, 제품 평가, 구매 의도에도 긍정적 영향을 미칠까? 혹은 신체 소유감이 낮은 경우에도 대리 접촉의 효과가 유지될지 의문이다. 예를 들어, 가상현실에서는 손으로 제품을 만지는 모습을 시각적으로 보여주지만, 현실세계에서는 손으로 다른 것을 한다면 신체 소유감이 낮아질 수 있다. 이러한 질문에 답을 구하기 위해 참가자들이 HMD(오큘러스 헤드셋)를 착용하고 360도 몰입형 가상스토어를 방문하는 조건의 추가 실험을 진행하였다.* 그 결과 가상현실에서도 단순 동영상을 보여주었을 때와 동일하게 대리 접촉의 효과가 나타나 심리적 소유감이 증가했

---

* 아직 저널에 정식 출간되지 않은 학술대회 발표집의 내용으로 어떤 제품을 어떻게 접촉했는지, 가상스토어를 어떻게 개발했는지에 대한 설명은 충분하지 않다.

으며, 현실세계에서 실제 손으로 공을 쥐는 방해 요소를 추가한 경우에도 그 효과는 유지되었다. 또한 대리 접촉은 신체 소유감을 증가시켜 최대지불의향, 제품 평가, 구매 의도를 높였다.

마지막으로 VR 기기를 착용하고 가상스토어 방문하기를 좋아하는 사람과 그렇지 않은 사람 사이에 대리 접촉 효과가 다르게 나타나는지 확인하는 추가 실험을 진행하였다. 앞선 실험과 동일하게 진행하되 심장 박동수를 측정하여 새로운 자극인 VR 기기 이용에 대한 반응을 측정하였다. 그 결과 대리 접촉의 효과는 새로운 자극에 대한 욕구가 강한 사람(심장 박동수 증가)에게는 나타났으나, 그렇지 않은 사람에게는 나타나지 않았다. 따라서 가상현실에서의 대리 접촉 효과는 VR 기기를 착용하고 쇼핑하는 경험을 긍정적으로 생각하는 사람에게만 제한적으로 나타남을 알 수 있다.

접촉이 제품 평가에 미치는 영향

지금까지 연구 결과를 요약하면 다음과 같다. 신체 접촉 시 심리적 소유감이 증가하여 제품 평가가 긍정적으로 나타나는 접촉 효과는 가상현실에서도 적용될 수 있으며, 내가 아닌 타인이 만지는 모습을 관찰하는 대리 접촉만으로도 그 효과가 나타났다. 이는 가상현실에서 아바타가 제품을 만지는 모습을 관찰하는 것만으로도 제품에 대한 가치 인식을 개선할 수 있음을 말해준다. 따라서 가상스토어에서 진행하는 아바타 대상 체험 활동이 효과적인 마케팅 전략이 될 수 있다. 특히 3인칭 시점보다는 1인칭 시점으로 접촉을 보여줌으로써 신체 소유감을 높이는 것이 중요하다는 점도 기억할 필요가 있다. 또한 현실세계에서 우리 손이 마우스를 움직이거나, 컨트롤러를 쥐고 있는 등 신체 소유감에 방해되는 일을 하는 경우에도 대리 접촉 효과가 발생한다는 결과는 눈여겨볼 만하다. 다만, 몰입형 가상스토어를 운영할 때에는 VR 기기를 착용하는 즐거움이 낮을 경우(기기 사용에 불편함을 느낄 때) 대리 접촉 효과가 나타나지 않을 가능성이 있어 주의가 필요하다.

한편 최근에는 햅틱조끼, 장갑 등의 VR 기기를 활용해 완벽하지는 않더라도 촉각을 부분적으로 전달하는 기술이 개발되었다. 이는 가상현실에서 시각적 자극으로 촉각을 상상하는 것을 넘어 직접 촉각을 느낄 수 있음을 의미한다. 예를 들어 '비햅틱스 bHaptics'라는 국내 기업은 2022년 촉각을 전달하는 슈트 제품을 60만 원대에 출시하여 화제가 되었다.[37] 미국의 햅트X HaptX가 개발한 VR 장갑은 손 주위를 감싸는 135개의 공기 방울을 이용해 물체의 재질에 따른 다양한 촉감과 무게를 전달한다.[38] 예를 들면, 손에 빗방울이 떨어지거나 자동차 외관을 만질 때의 촉감을 느끼게 해준다. 또한 스페인의 오우오OWO는 전기 자극을 이용해 총을 맞거나 칼에 찔렸을 때의 통증을 느껴볼 수 있는 햅틱슈트를 개발하기도 하였다.[39] 지금은 햅틱슈트가 주로 게임 분야에 한정된 용도로 사용되지만 앞으로는 쇼핑을 비롯해 일상에서 다양하게 활용될 가능성이 높다.

한 걸음 더 나아가 최근 퓨쳐 인터페이스 그룹에서는 입술과 혀에 촉각을 전달할 수 있는 초음파 헤드셋을 소개하여 세상을 놀라게 했다. 이 제품은 가상현실에서 참가자의 입술이 거미줄에 닿을 때나 담배를 피울 때, 혹은 커피를 마시거나 양치할 때 느끼는 감각을 초음파로 전달해 유사한 자극을 준다. 이는 현실세계의 자극과 완전히 동일하지는 않지만, 감각적 피드백이 전혀 없을 때보다는 체험의 실재감과 만족도가 확연히 높다고 한다.

시각 정보부터 촉각 피드백까지,
제품 가치를 높이는 접촉

그렇다면 가상현실에서 제품을 만지는 모습을 단순히 눈으로 보는 것을 넘어 다양한 촉각 피드백 visuotactile stimulation 을 함께 받으면 소비자는 더 긍정적으로 반응할까? 2022년 사인필드 Seinfeld 교수 연구팀은 ①단지 눈으로 접촉을 볼 때, ②눈으로 보면서 접촉과 관련된 자극을 초음파로 받을 때, ③눈으로 보면서 접촉과 관련된 자극을 실제로 받을 때 신체 소유감에 차이가 나타나는지 확인한 실험 결과를 발표하였다.[40] 앞선 연구에서 신체 소유감이 증가하면 심리적 소유감이 증가하고 제품에 대한 가치 평가가 높아질 수 있음을 확인한 만큼, 촉각 피드백이 신체 소유감에 미치는 효과에 대한 분석은 가상스토어의 마케팅 전략 수립에 의미 있는 인사이트를 제공할 수 있다.

실험 참가자들은 책상에 앉아 왼손을 패드에 올려놓고 HMD를 착용한 후, 오른손 검지와 중지에 피부전도율 Skin Conductance

Response; SCR 측정기를 부착해 실재감을 측정받았다. 그 후 패드에 올려둔 왼손에 세 가지 다른 조건의 자극을 60초씩 차례로 경험토록 하였다. 얼굴에서 가슴까지 반투명한 유리로 가려진 여자 아바타가 맞은편에 앉아 왼손에 접촉 자극을 주는 상황이 설정되었다. 반투명 유리를 사용한 이유는 아바타가 어설프게 인간을 닮을 때 느낄 불쾌감uncanny valley 을 피하고, 얼굴 표정에 따른 감정 정보 전달을 통제하기 위함이었다. 참가자는 각 조건을 경험한 직후 신체 소유감에 관한 문항에 응답하였다. 신체 소유감은 "내가 아래로 내려다볼 때 보았던 가상의 손이 내 손처럼 느껴졌다"로 측정하였다.

실제 접촉이 아닌 초음파 자극의 효과

세 조건의 응답 결과를 분석한 결과(다음 페이지 그림 참고), 실제 손이나 깃털로 촉각을 전달하는 경우(C 조건)에 신체 소유감이 가장 높았으나 초음파로 유사 자극을 전달했을 때(B 조건)에도 시각 정보만 제공할 때(A 조건)보다는 신체 소유감이 높게 나타났다. 또한 피부전도율의 경우에도 실제 접촉(C)과 초음파 자극(B) 모두 시각 정보만 제공(A)했을 때보다 높게 나타나 참가자들이 느끼는 실재감이 높은 것으로 확인되었다. 한편, 가상현실에서 접촉에 대한 시각

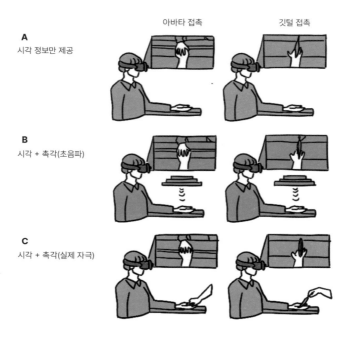

정보가 아바타 손의 접촉인지 깃털의 접촉인지에 따른 피부전도율의 차이(같은 조건에서 왼쪽과 오른쪽 그림 비교)는 시각 정보만 있거나(A) 초음파 피드백인 경우(B)에는 유의하지 않았으며, 오직 실제 손과 깃털의 자극이 있을 때(C)만 차이가 나타났다. 즉, C 조건에서는 아바타 손의 접촉이 깃털의 접촉보다 실재감이 높았다.

따라서, 가상현실에서 시각 정보만이 아니라 촉각의 피드백을 함께 제공할 경우 신체 소유감과 실재감이 증가했으며 완벽한 촉각이 아닌 유사 자극, 즉 초음파 피드백만으로도 유의미한 효과가 나타났다. 이는 신체 소유감이 심리적 소유감을 높이고 제품 가치를 긍정적으로 평가하도록 만든다는 기존 연구 결과를 참조해볼 때, 촉각 피드백의 중요성과 의미를 잘 보여준다. 따라서 완전한 촉각 피드백이 불가한 햅틱 기기들도 충분한 가치가 있음이 입증되었다고 볼 수 있다.

아바타 종업원과의 스킨십과 제품 평가

소비자와 종업원 간 접촉이 쇼핑 행동에 미치는 영향은 어떨까? 우리는 가상스토어에 아바타 종업원을 배치할 때 쇼핑몰과 제품 평가에 긍정적 영향이 생길 가능성을 알아보았다. 그렇다면 종업원이 고객을 맞이할 때 단순히 구두로 환영 인사를 하는 상황과 가벼운 스킨십을 하는 상황 중 어느 쪽이 쇼핑 행동에 보다 긍정적인 영향을 미칠까?

2018년 자오Zhao 연구팀은 우리의 이러한 궁금증을 해결해줄 연구 결과를 발표하였다.[41] 연구팀은 HMD와 촉각 전달이 가능한 진동 암밴드를 착용한 실험 참가자를 두 그룹으로 나누어 가상스토어를 방문하게 하였는데,* 이때 한 그룹에는 가상스토어 입구에 있는 아바타 여성 종업원이 환영 인사("Welcome to our store")만을

---

* 가상서점과 가상문구점을 차례로 방문하게 하였는데, 방문 순서는 무작위로 배정하였다. 방문 순서가 실험 결과에 미치는 영향은 없는 것으로 확인되었다.

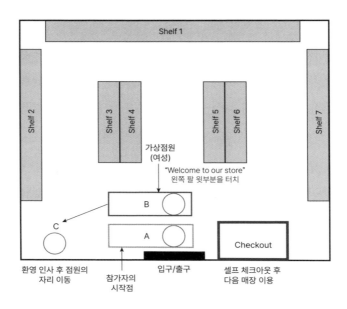

Shelf 1

Shelf 2

Shelf 3

Shelf 4

가상점원
(여성)
"Welcome to our store"
왼쪽 팔 윗부분을 터치

Shelf 5

Shelf 6

Shelf 7

B

C

A

Checkout

환영 인사 후 점원의
자리 이동

참가자의
시작점

입구/출구

셀프 체크아웃 후
다음 매장 이용

하도록 하였고, 다른 그룹에는 환영 인사와 함께 왼쪽 팔 윗부분
을 가볍게 터치하도록 하였다. 아바타 종업원이 터치할 경우, 암밴
드로 진동을 주었으며 진동 소리가 실재감을 낮추지 않도록 헤드
폰으로 매장에서 흔히 들을 수 있는 배경음을 들려주었다. 다음으
로 가격이 1.59~7.99유로(약 2,000~1만 원)인 제품들을 실제 쇼핑처
럼 구매한 후 셀프 체크아웃하도록 하였다. 이후 그룹 간 쇼핑 시
간·금액·경험*의 차이를 비교 분석하였다. 가상공간 설계도와 실

---

* 쇼핑 경험의 차이는 pleasure, arousal, satisfaction, valence로 나눠 분석했다.

험 절차를 요약하면 옆의 그림과 같다.

분석 결과 아바타 종업원과 스킨십을 한 경우, 환영 인사만 했을 때보다 쇼핑 시간이 상대적으로 길었고, 쇼핑 금액은 증가했으며, 쇼핑 경험 평가가 긍정적이었다. 하지만 이 결과를 놓고 아바타 종업원과 쇼핑객의 스킨십이 바람직하다는 결론을 내기에는 고려해야 할 요소가 적지 않다. 먼저 문화권에 따라 적절한 응대 방법이 다를 수 있다. 예를 들어, 우리나라에서는 어깨를 치는 행위가 공손하지 못하게 받아들여질 수 있고 오히려 신체 접촉 없이 고개를 숙여서 인사하는 행동에 더 긍정적 반응을 보일 가능성이 크다. 다음으로 실험 참가자들이 착용한 HMD와 달리, 진동 암밴드는 아직까지 널리 보급되지 않았다는 점을 고려해볼 때, 진동 피드백 없이 시각적으로만 관찰되는 신체 접촉만으로도 앞서 확인된 긍정적 효과가 유지될 수 있을지 의문이 남는다.

한편 아바타 종업원을 활용할 때 고려해야 하는 더 중요한 이슈는 어쩌면 스킨십 유형에 따른 남녀 간 반응 차이일 수 있다. 어깨를 가볍게 치는 정도의 수위가 낮은 스킨십이 아닌 포옹과 같은 다소 수위가 높은 스킨십은 어떨까? 일반적으로 여성이 남성보다 낯선 사람과의 수위 높은 스킨십에 심리적 불편함을 느낀다는 사실을 감안할 때, 오히려 아바타 종업원의 접촉 행동은 부정적인 결과를 초래할 수도 있다. 특히나 동성이 아닌 이성의 아바타 종업원이 수위 높은 스킨십을 한다면 사이버 성추행 문제를 야기할 수도 있다. 실제로 메타버스 관련 기업인 카부니 벤처스Kabuni Ventures의 여성 부사장 니나 제인 파델Nina Jane Patel은 메타의 가상현실 공간인 호라이즌 월드에서 60초 동안 서너 명의 남성 아바타에 둘러싸여 성추행을 당하는 끔찍한 경험을 했다고 호소했다.[42]

긍정적 스킨십으로
만족스러운 가상 경험 설계하기

아바타 간 스킨십에 대한 이해를 돕는 연구가 있다. 바로 2020년 쉬코브니크Sykownik 박사 연구팀이 발표한 가상현실에서 아바타 간 사회적 접촉에 따른 인간의 반응 연구이다.[43] 이 연구는 가상공간에서 만난 이성 아바타와 여섯 가지 유형의 스킨십을 할 때 느끼는 감정적 반응(안도, 행복, 욕망, 불안, 혐오, 두려움)의 차이를 분석하였다. 특히 스킨십의 수위와 방향, 성별이 감정적 반응 차이를 결정지을 것으로 보고, 세 변수에 차이를 둔 다양한 조건에서의 결과를 비교 분석하였다.

실험 참가자는 자신을 닮은 아바타를 이용해 가상현실에서 이성의 아바타와 만나서 2회의 스킨십을 한 후 감정적 반응을 묻는 질문에 응답하였다. 두 번의 스킨십 중 한 번은 수위가 낮았고(하이파이브, 주먹 인사, 어깨 두드리기), 다른 한 번은 수위가 높았다(팔 쓰다듬기, 얼굴 쓰다듬기, 포옹). 참가자는 HMD와 아바타 동작 컨트롤 기기를 착용하였으며, 아바타가 접촉하는 부위에 충돌 센서를 부착하여 접촉이 생길 경우 유사 자극을 전달받도록 하였다.[*]

아바타 접촉이 주는 불쾌함

실험 결과 확인된 여섯 가지 감정적 반응 차이를 요약하면 다음과 같다. 먼저 가상현실에서 스킨십에 대한 안도감relaxation 은 스킨십의 수위가 약할 때, 또 남자가 여자에 비해 높았다. 행복감happiness 역시 안도감과 같이 스킨십의 수위가 약할 때 높았으며, 내가 스킨십을 주도할 때보다 상대가 스킨십을 주도할 때 높았다. 이는 스킨십의 방향이 행복감을 결정짓는 중요한 변수임을 말해준다. 한편 가상현실에서 스킨십을 할 때 느끼는 욕망desire 은 성적 욕구와 관련된 감정인데, 대체로 남자가 여자보다 높았다. 또한 여자는 스킨십의 수위에 따른 욕망의 차이가 없는 반면, 남자는 스킨십의 수위가 높아지면 욕망이 함께 증가했다.

다음으로 부정적 감정인 불안감anxiety 의 경우 스킨십의 수위가 높아질수록 증가하며, 여자가 남자보다 변화 정도가 컸다. 특히 여자는 수위가 낮은 스킨십에서도 내가 주도하기보다 상대가 주도

---

[*]　실험 결과에 영향을 미칠 수 있는 외생 변수들(대인 접촉에서 평소 느끼는 편안함, 가상현실에서의 멀미, 공간 실재감, 신체 소유감 등)을 함께 측정하여 분석할 때 그 효과를 통제하였다.

할 때 높은 불안감을 느꼈다. 혐오감disgust의 경우에도 스킨십의 방향이 중요했다. 스킨십을 내가 주도하는 경우 남자는 스킨십 수위에 따른 혐오감에 차이가 없지만, 여자는 높은 수위의 스킨십에 더 큰 혐오감을 느꼈다. 반면 상대가 스킨십을 주도하는 경우, 여자는 스킨십 수위에 따른 혐오감에 차이가 없지만 남자는 높은 수위의 스킨십에 혐오감을 느꼈다. 마지막으로 두려움fear의 경우 대체로 여자가 남자보다 컸다. 추가 분석에서 확인된 한 가지 주목할 점은 평소 스킨십에 거부감이 없는 경우 안도감과 행복감이 상대적으로 높게 나타났다는 점이다. 따라서 오프라인에서 평소 스킨십을 어떻게 느끼는지가 가상현실에 어느 정도 전이될 가능성이 확인되었다.

비록 이론적 배경을 토대로 가설을 세우고 통계 데이터 분석으로 검증한 연구가 아니라 새로운 영역을 알아보는 탐색적 성격의 연구이긴 하지만, 이 실험은 가상현실에서 인간이 사회적 접촉에 보이는 반응을 여러 각도에서 분석한 선도적 연구라는 점에서 의미가 있다. 물론 가상공간에서 사회적 접촉을 어떻게 설계해야 한다는 명확한 가이드라인을 제공하지 못한다는 한계는 분명 존재하지만, 적어도 고려해야 하는 세 요소, 즉 스킨십의 수위·방향·성별의 중요성을 보여주었다. 특히 메타버스 플랫폼에서 누가 어떤 상황에서 어떤 스킨십을 할 때 불쾌감을 느끼는지 안다면 법적 이슈가 되고 있는 성추행 문제를 예방하는 데에도 도움이 될 것이다.

가상현실 성추행 문제 예방의 필요성

물론 가상현실에 참여하는 개개인의 문제 인식과 주의 노력도 중요하지만, 어쩌면 메타버스 플랫폼의 적극적인 개입이 더 효과적일지도 모른다. 즉, 플랫폼 사용자들로 하여금 자신이 허용하는 아바타의 스킨십 유형과 수위를 미리 결정하고 이를 다른 참여자가 미리 확인할 수 있도록 함으로써 서로에게 불쾌감을 주지 않는 범위 내에서 사회적 접촉을 할 수 있도록 지원한다면 어떨까? 또한 현재 일부 플랫폼은 불쾌감을 유발하는 성적 대화나 행위(아바타의 옷을 벗긴다거나, 외설적인 콘텐츠를 전송하는 등의 행위 등)를 하는 경우 자동으로 계정을 차단하고 이용자의 개인정보를 식별하는 방법을 실행하고 있는데, 이러한 조치의 범위를 아바타 간 불쾌한 스킨십으로까지 확대할 필요가 있다.[44]

가상현실에서의 성추행 문제는 예방이 가장 중요하겠지만 만약 발생한다면 부작용을 최소화하려는 노력도 필요하다. 현재 가입자가 가장 많은 메타버스 플랫폼인 제페토나 로블록스 이용자가 대부분 십대라는 점을 감안하면 이들을 보호할 조치가 반드시 마련되어야 한다.* 한편 동성 간 스킨십에 대한 감정적 반응도 살펴야

---

*   십대 여성인권센터는 이러한 문제를 심각하게 보고 제페토에 상담 센터를 개설한 후, "모두의 안전을 지키는 슬기로운 메타 생활"과 같은 다양한 캠페인을 진행하였다.

한다. 물론 LGBT 성소수자들의 반응까지 고려하면 매우 복잡해질 수 있다. 하지만 현실세계도 마찬가지다. 당장 불편하다고 지나치기엔 머지않은 미래에 감당해야 할 사회적 비용이 만만치 않다.

얘기를 하다 보니 메타버스에서의 신체 접촉이 조심해야 하고 경계해야 할 대상으로만 비춰질까 우려가 된다. 사실 서로가 원하는 건전한 스킨십은 장점이 매우 많다. 예를 들면, 포옹은 사랑의 호르몬으로 불리는 옥시토신을 분비시켜 면역력을 높인다. 또한 스트레스 호르몬인 코티졸을 감소시키고 수면에 도움을 준다. 한편 자기 몸무게 10퍼센트의 압력을 구현한 무거운 담요인 중력담요Gravity Blankets가 큰 인기를 끌어 화제가 되었던 적이 있다. 성공 비결은 엄마가 아이를 꼭 안아줄 때 느끼는 포옹의 압력을 전달하기 위해 탄생했다는 브랜드의 스토리였다. 이는 1인 가구가 늘고 코로나19 팬데믹을 겪으며 타인과 신체 접촉할 기회가 많이 줄어든 것과 무관하지 않다.

어쩌면 메타버스 가상현실은 현실세계보다 훨씬 안전한 방법으로 인간이 가진 사회적 접촉 욕구를 해결해줄 좋은 대안이 될지도 모른다. 바이러스 감염 위험도 없고 원치 않는 스킨십을 하는 경우에도 현실세계에서보다 성적 불쾌감이 상대적으로 낮을 수 있다. 따라서 잘못된 스킨십이 발생하지 않게 관리하고 통제하려는 소극적 접근보다는, 건전한 스킨십으로 얻을 수 있는 강점을 활용할 방안을 적극적으로 모색하는 자세가 필요하다.

아바타 간 상호작용과 가상체험 몰입 정도

가상체험은 혼자 할 때보다 함께할 때 더 나을까? 2019년 허드슨Hudson 교수 연구팀은 가상의 바닷속 생태계 체험을 할 때 타인의 아바타들이 같은 공간에서 함께 사진을 찍고 노는 것과 혼자 조용하게 체험하는 것 중 어느 쪽이 가상체험 만족도를 높이는 데 도움이 되는지에 관한 연구 결과를 발표하였다.[45] 이는 프랑스의 국립해양생물센터National Marine Life Center에서 새로운 VR 체험을 준비하면서 진행된 현장 실험이었다. 실험 참가자들은 VR 기기를 착용하고 수중 동식물(고래, 게 등)을 구경하고 레이저 빔으로 정보를 확인하는 등의 활동을 했다. 연구자들은 외부 세계를 잊고 온전히 가상세계에 빠져드는 실감형 몰입을 제공함으로써, 가상 경험에 대한 긍정적 반응을 끌어낼 수 있으리라고 기대했다. 이때 여러 아바타가 존재하여 사용자들이 상호작용한다면 실감형 몰입에 어떤 영향을 미치는지 확인하고자 하였다.

먼저 참가자를 네 명씩 두 그룹으로 나누어 물속 가상세계를 경험하게 한 후, 그룹 인터뷰Focus Group Interview; FGI를 진행해 가상세계 체험 경험을 평가할 수 있는 항목(실감형 몰입, 만족도, 충성도)을 개발하였다. 이후 약 15분간 혼자 수중 탐험을 하는 조건과 서너 명씩 한 그룹을 이루어 수중 탐험을 하는 조건에 따른 경험의 차이를 보기 위한 실험을 진행하였다. 여러 명이 동시에 체험하는 그룹은 여러 아바타가 모여 함께 사진을 촬영하도록 하였다. 체험을 마친 참가자들은 앞서 개발한 실감형 몰입·만족도·충성도 관련 항목들에 응답하였고, 그룹 간 차이가 나는지 비교하였다.

일단 체험 그룹에 상관없이 실감형 몰입의 증가는 체험 서비스의 만족도와 충성도에 긍정적 효과를 보였다. 하지만 흥미롭게도 실감형 몰입도가 높을 때에는 여러 명이 동시에 체험하는 상호작용 활동이 만족도와 충성도에 긍정적 효과를 미치지 않은 반면, 몰입도가 낮을 때에는 만족도와 충성도를 모두 높였다. 따라서 일반적으로 실감형 몰입도가 낮은 PC 기반 가상체험의 경우 참여자들 간 상호작용을 독려하여 체험 만족도를 높이려는 노력이 필요할 수 있다.

예를 들면 제페토, 로블록스, 게더타운과 같은 비몰입형 가상현실 플랫폼을 이용해 박물관, 미술관 등을 구축할 때 현실과 최대한 비슷한 공간 디자인을 도입하여 실감형 몰입을 증가시키려는 노력도 중요하지만, 아바타가 함께 퀴즈를 맞추고, 하이파이브를 하고, 기념 사진을 찍는 등의 사회적 상호작용을 할 수 있는 이벤트를 기획하는 것도 체험 만족도를 높이는 데 도움이 될 수 있다.*

---

* 최근 다양한 국내 공공기관들이 메타버스 가상공간에 박물관, 전시관(국립중앙박물관 힐링 동산, 조세박물관 등)을 오픈해 운영하고 있다. 하지만 대부분 제페토 등 비몰입형 가상현실 플랫폼을 이용했음에도 이용자가 상호작용할 수 있는 프로그램이 매우 제한적이어서 아쉬움이 남는다.

반면, HMD, 햅틱 기기 등을 착용하고 실감형 몰입도가 높은 가상공간을 디자인하는 경우, 타인과의 상호작용은 체험 만족도를 높이는 데 큰 의미가 없었다. 따라서 오히려 실감형 몰입도를 극대화하는 데 더 많은 노력을 기울일 필요가 있다. 한편 가상현실에서 누구와 상호작용하는지는 결과에 크게 영향을 미치지 않았다. 즉, 체험에 함께 참여하는 사람이 가족, 지인과 같이 사회적 관계 유형에 차이가 있더라도 체험 평가 결과는 달라지지 않았다.

물론 가상현실에서 참여자들 간 상호작용의 효과는 실감형 몰입 이외에도 고려해야 할 요소들이 있다. 먼저 체험의 유형이다. 사람들은 두려움을 느끼면 대중 속에 숨고 싶어 하고 로맨틱한 사랑을 느끼면 독립된 공간에 있고 싶어 한다는 연구 결과가 있다.[46] 이는 공포를 느끼게 하는 가상체험의 경우 참여자 간 상호작용이 일어나도록 그룹 활동으로 기획해야 유리한 반면, 연인들 간 로맨틱한 사랑과 관련된 가상체험의 경우 두 사람을 제외한 타인과의 상호작용을 최소화하는 방향으로 기획해야 효과적일 수 있음을 의미한다.

다음으로 가상체험에서 느끼는 신체 온도를 고려해야 한다. 따뜻한 공간에 있는 사람이 차가운 공간에 있는 사람보다 상대적으로 혼자 하는 활동을 선호한다는 연구 결과가 있다.[47] 다음 주제로 다루겠지만 가상공간에서 우리가 느끼는 온도는 피부로 느끼는 물리적 온도 이외에도 시각 정보나 청각 정보에 영향을 받는다.

따라서 가상체험을 그룹 활동으로 할지, 개인 활동으로 할지 고민할 때에는 가상공간에서 온도 인식에 영향을 미치는 여러 감각 정보의 영향을 함께 고려해야 한다.

지금까지 우리는 가상공간에서의 접촉, 상호작용과 관련된 다양한 연구 결과를 살펴보았다. 인간의 생각과 행동에 영향을 미치는 촉각 자극은 물리적 환경 요소뿐 아니라 같은 공간에서 함께 살아가는 인적 환경 요소로도 전달된다. 가상세계에서의 접촉과 상호작용이 현실세계에 비해 제한적인 것은 사실이지만, 분명 인간의 생각과 행동에 매우 중요한 영향을 미친다. 촉각의 자극이 어떤 조건과 환경에서 어떻게 영향을 미치는지 제대로 이해한다면, 가상세계에서의 다양한 경험을 보다 만족스럽게 설계할 수 있을 것이다.

메타버스,
가치를 설계합니다

메타버스 공간 디자인 전략: 감각-온도와 색

8장

온도는 사람의
선택을 바꾼다

동조 효과와
온도 프리미엄 효과

감각 마케팅을 연구하는 학자들이 오랫동안 관심을 가져온 '온도'
는 가상현실에서도 중요할까? 촉각 정보 전달이 제한적인 가상공
간에서 온도는 우리가 통제하기 힘들다는 점에서 얼핏 생각하면
크게 주목할 필요가 없어 보인다. 하지만 온도와 관련된 연구들은
실제 온도가 아닌 소비자가 인식하는 온도에 따라서도 제품 평가
와 구매 의사결정이 달라질 수 있음을 보여준다. 이는 가상현실에
서도 자유롭게 통제 가능한 시각과 청각 정보를 이용하여 (실제 온
도에 변화를 주지 않고도) 온도 인식에 변화를 가져올 수 있으며, 소비
자의 행태 변화를 유도할 수 있음을 의미한다. 따라서 어떤 시각
과 청각 정보가 소비자의 온도 인식에 변화를 주고, 그 결과 어떤
행동 변화가 나타나는지를 알아볼 필요가 있다.

따뜻한 날엔 동조 효과에 주의하라

먼저 흥미로운 질문을 하나 해볼까 한다. 기온 변화가 경마장에서 베팅하는 투기꾼의 행동에 영향을 줄까? 어이없는 질문처럼 들리 겠지만 정답은 "그렇다"이다. 2007년부터 2009년까지 홍콩 경마 장에서 진행된 224회의 경마 경기를 분석한 결과, 실제로 온도가 높은 낮 경기(평균 25.15도)에서 온도가 낮은 밤 경기(평균 22.65도)에 비해 인기 경주마에 베팅하는 비율이 상대적으로 높았다. 이는 주 변의 온도가 올라가면 다수의 선택을 지지하고 따르려는 동조 효 과conformity effecy가 강화되기 때문인데, 2014년 황Huang 교수 연 구팀은 이를 잘 보여주는 실험 연구 결과를 발표하였다.[48] 실제 경 마장에서의 베팅 행동에 온도 이외의 다른 요인이 영향을 미쳤을 가능성도 배제할 수 없기 때문에, 실험 참가자를 온도 외 다른 조 건이 모두 동일한 두 개의 방 가운데 하나에 들어가게 한 후 가상 의 경마 베팅 시나리오를 읽고 원하는 경주마에 베팅하게 하였는 데, 실제 경기장과 같은 결과가 나왔다. 그렇다면 온도가 증가하면 왜 동조 효과가 강화될까?

그 이유는 주변 온도의 상승이 우리 몸의 온도를 높임으로써 사회적 친근감이 강화되어 타인의 선택이 타당하다고 느끼는 정 도가 증가하기 때문이다. 즉 '따뜻함-친함'의 은유적 연결고리가 타인의 선택을 지지하고 받아들이는 데 긍정적 영향을 미친다고 해석할 수 있다. 온도 상승에 따른 동조 효과 강화는 경주마 베팅뿐 아니라 다양한 제품 평가 과정에서도 동일하게 나타났다. 실내 온도가 높은 경우(24~25도) 낮을 때(16~17도)보다 TV 리모컨, 소파, 자전거, 네비게이션 등의 제품에서 다수가 선호하는 제품에 대한 구매 의도가 상대적으로 증가했다. 이는 실내 온도가 따뜻한 공간에서는 '판매량 1위', '히트 상품' 등 인기도를 단서로 활용한 광고가 상대적으로 더 효과적일 수 있음을 말해준다. 반면 실내 온도가 낮은 공간에서는 상대적으로 '레어템', '당신에게 특화된 제품' 등 개인의 독특함을 강조하는 메시지를 활용한 광고가 효과적일 수 있다.

'온도 프리미엄 효과'

한편 온도가 타인에 대한 판단과 관계에 영향을 준다는 사회 심리학의 연구 결과를 바탕으로, 온도에 따라 제품 평가가 달라질 수 있음을 보여준 연구가 있다. 2013년 즈베브너Zwebner 교수 연구팀은 신체 온도가 증가하면 제품의 가치를 더 높게 평가하고 최대지불의향 가격이 증가한다는 온도 프리미엄 효과temperature-premium effect를 입증한 연구 결과를 발표하였다.[49] 결론부터 말하면 신체의 따뜻함이 긍정적인 감정을 유도하고 제품과의 거리감을 좁혀 소비자 선택에 긍정적인 영향을 미쳤다. 이들은 이스라엘의 네 개 도시에서 일 기온에 따라 여덟 개 카테고리의 제품(시계, 책 등)에 대한 구매 의도가 달라지는지 24개월간 측정하여 분석하였다. 즉, 가격 비교 사이트 'Zap Price Comparison'에서 특정 제품을 검색했을 때 뜨는 여러 판매 사이트 가운데 구매 정보를 추가로 얻기 위해 '구매 to-purchase' 버튼을 클릭한 횟수가 기온에 따라 달라지는지 분석하였다. 그 결과 기온이 약 15도에서 30도까지 점차 오를수록 클릭 횟수도 완만하게 증가했다.

하지만 실제 가격 비교 사이트에서 측정한 구매 의도에는 기온 이외에 다른 요인들이 영향을 미쳤을 가능성이 있기 때문에, 이들을 통제한 상태에서 온도 프리미엄 효과를 검증하는 추가 실험을 진행하였다. 먼저 실험 참가자를 두 그룹으로 나눈 후 10초 동안 따뜻한 찜질 패드와 차가운 찜질 패드를 각각 손에 쥔 채로 ①찜질 패드의 효과, ②추천 의도, ③브랜드 네임의 적절함, ④온도 추정에 관한 질문들에 차례로 응답하게 하였다. 사실 이는 가짜 실험 미션으로 참가자들이 눈치채지 못하게 찜질 패드로 신체 온도를 변화시키기 위한 절차였다.

다음으로 따뜻하거나 차가운 찜질 패드를 쥐게 한 참가자 그룹을 다시 둘로 나누어, 한 그룹에는 여섯 개 묶음의 배터리 한 팩, 다른 그룹에는 초콜릿 케이크 한 조각에 대한 최대지불의향 가격을 물었다. 그 결과 두 제품 모두 따뜻한 찜질 패드를 쥐었던 참가자 집단이 평균적으로 제품 가치를 높게 평가하였다. 단, 케이크는 온도 상승이 약 43.9퍼센트의 가격 프리미엄을 가져온 반면, 배터리 팩은 약 28.7퍼센트의 가격 프리미엄을 가져와, 실용재보다 쾌락재의 온도 프리미엄 효과가 더 크다는 사실을 알 수 있었다.

여기서 온도 프리미엄 효과가 모든 제품 카테고리에서 발생하지 않는다는 점에 주목할 필요가 있다. 방 온도가 다른 조건(18도와 26도)에서 11개 제품의 이미지를 보여준 후 최대지불의향 가격을 물어본 결과 네 카테고리(우유, 커피, 샤워 젤, 캔 콜라)에서만 온도 프리미엄 효과가 나타났고 나머지 일곱 카테고리(배터리, 마사지, 음악 CD, M&M, 마우스, 팝콘, 티셔츠)에서는 온도에 따른 차이가 없었다.*

다음으로 온도 프리미엄 효과가 발생하는 이유를 확인하는 추가 실험을 진행하였다. 먼저, 신체 온도가 높아지면 제품과의 거리를 가깝게 느끼는지 확인하고자 찜질 패드를 이용한 실험과 동일하게 신체 온도에 변화를 주었다. 그 후 40센티미터 떨어져 있는 펜에 손을 대지 않고 떨어진 거리를 추정하고 최대지불의향 가격에 답하도록 하였다. 그 결과 따뜻한 찜질 패드 조건에서 펜과의 추정 거리가 더 짧았으며(29.81센티미터와 38.03센티미터), 최대지불의향 가격이 더 높게 나타났다.

---

* 방 온도에 따라 실험 참가자들이 느끼는 쾌적함의 정도는 차이가 없었다.

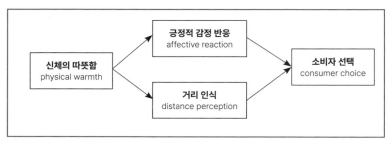

신체의 따뜻함이 소비자 선택에 미치는 영향

　　또한 온도 프리미엄 효과가 발생하는 또 다른 이유로 추정한 긍정적 감정 유도가 발생하는지 알아보기 위해 찜질 패드를 이용해 신체 온도에 변화를 주고 여러 감정* 에 관해 응답하도록 한 후 40센티미터 떨어진 책상 위에 놓인 펜과 0.8달러 중에 선택하도록 하였다. 그 결과 따뜻한 찜질 패드 조건에서 강한 긍정적 감정 반응이 나타났으며 펜을 선택한 비율도 높았다(74.2퍼센트와 46.9퍼센트). 정리하자면 제품 유형(실용재와 쾌락재)에 상관없이 온도 프리미엄 효과가 존재하지만 모든 제품에서 효과가 나타나지는 않는다. 또한 온도 프리미엄 효과의 기저 원리는 신체 온도의 상승이 긍정적 감정을 불러오고 실제보다 제품을 더 가깝게 느끼도록 만들기 때문이었다.

＊　　제시된 감정은 interested, moved, delighted 등이었다.

고객의 호감을 얻는
따뜻한 목소리

지금까지 우리는 체감온도의 변화가 제품 평가에 미치는 효과를 살펴보았다.[50] 이를 통해 메타버스 가상세계에서도 소비자의 체감온도를 올릴 수 있다면 제품에 대한 가치 인식을 제고할 수 있음이 추론 가능하다. 그렇다면, 가상현실에서 전달하기 힘든 촉각 정보를 제외하고 체감온도를 변화시키기 위해 어떤 자극을 활용할 수 있을까?

2016년 휘브너 Hüebner 연구팀은 조명 색 온도 color temperature of the illumination 가 체감온도 인식에 미치는 효과를 분석한 연구 결과를 발표하였다.[51] 참고로 색의 온도는 켈빈 Kelvin 이라는 단위를 사용하며 숫자가 커질수록 체감온도는 낮아진다.

연구자들은 조명 색 온도를 낮추면 체감온도가 증가하여 에너지 절약에 도움이 되리라 기대하였다. 실험 참가자를 두 그룹으로 나누어 다른 색 온도의 조명(2700K와 6500K)에 각각 노출한 후 체

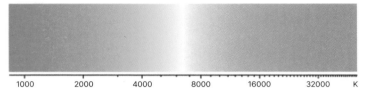

체감온도 높음 ────── 색 온도가 점점 높아짐 ────────▶ 체감온도 낮음

| 1000 | 2000 | 4000 | 8000 | 16000 | 32000 | K |

조명 색 온도와 체감온도의 상관관계. 색 온도가 높을수록 체감온도는 낮아진다.

감온도*를 질문하고 옷 입는 양을 관찰하였다. 그 결과 조명 색의 온도가 낮아질수록 참가자들의 체감온도는 증가했다. 이는 실내 온도를 24도에서 20도로 낮췄을 때와 20도에서 24도로 높였을 때 모두 동일하게 나타났다. 다음으로 조명 색의 온도에 따라 옷 입는 양을 확인한 결과, 조명 색 온도가 높아지면 추위를 느껴 추가로 옷을 입는 사람의 수가 증가했다. 구체적으로 32명의 참가자 가운데 조명 색의 온도가 낮을 때 옷을 두 개 이상 추가로 입는 사람은 단 한 명이었으나, 조명 색 온도가 높을 때에는 아홉 명이었다.

　이 실험의 결과는 촉각 정보의 변화 없이 시각 정보의 변화만으로도 체감온도에 영향을 미칠 수 있음을 보여준다. 메타버스 가상스토어에서 조명 색 온도를 낮추면 체감온도가 증가하여 동조

---

*　몸무게에 따라 체감온도의 변화 가능성이 있으므로 BMI(몸무게kg/키²m)를 측정, 통제하였다.

효과가 발생할 가능성이 높아지며 이는 브랜드 인기도를 활용한 광고 효과가 증가할 수 있음을 시사한다. 나아가 가상스토어에서 아바타용 겨울 옷을 판매할 때 높은 색 온도의 조명을 활용하면 잠재 구매자가 추위를 느껴 매출을 늘리는 데 도움이 될 가능성도 기대해볼 수 있다.

광고에 알맞는 목소리 높낮이는 따로 있다

이번에는 시각이 아닌 청각 정보가 체감온도에 미치는 효과를 살펴보자. 엄마가 아기에게 말을 건네는 듯한 높은 목소리 톤은 따뜻하게 느껴진다. 반대로 우리는 대화 상대의 낮고 퉁명스러운 목소리가 너무 차갑다고 불평하기도 한다. 이는 소리의 높낮이에 따라 우리가 느끼는 따뜻함이 달라지고, 이에 따라 특정 대상에 대한 평가가 달라질 수 있음을 의미한다. 로봇의 경우에도 목소리가 높을 때 사회성social skill 이 뛰어나고 유쾌하다고 평가받는 경향이 있다.[52]

이제 2020년 한지상 교수 연구팀이 발표한 따뜻한 소리의 효과를 밝힌 실험 결과를 살펴보자.[53] 이들은 먼저 구세군 자원봉사자에게 기부 상자 옆에서 30분 간격으로 종소리를 높은 소리와 낮은 소리로 번갈아 울리라고 한 후 쇼핑객들의 기부 행동을 분석하였다. 그 결과 높은 종소리를 낼 때 기부 가능성이 더 높았다. 다음으로 실험 참가자를 두 그룹으로 나누어 동일한 여성 정치인의 자연재해 관련 연설을 목소리 높낮이가 다른 오디오 클립으로 각각 들려준 후, 정치인을 평가(자기희생 의도, 타인에 대한 걱정과 관심, 호감도)하도록 하였다. 그 결과 높은 목소리의 오디오 클립을 들려주었을 때 세 가지 항목의 평가가 모두 높게 나타났다.

이번에는 라디오 광고에서 목소리 높낮이를 달리할 경우, 각각 따뜻함warmth 또는 능력competence이 상대적으로 중요한 두 유형의 서비스에 대한 평가가 달라지는지를 알아보는 실험을 진행하였다. 따뜻함이 중요한 서비스로 노인 돌봄 서비스를, 능력이 중요한 서비스로 금융 서비스를 각각 선정하였으며, 광고에서 목소리 높낮이에 변화를 준 후 광고 효과(구매 고려, 추천 의도, 기대 만족도)를 측정하였다. 그 결과 노인 돌봄 서비스는 높은 목소리일 때, 재무 서비스는 낮은 목소리일 때 광고 효과가 좋았다. 이는 '높은 목소리 = 따뜻함'이라는 기억 연상의 연결고리를 확인함과 동시에, 높은 목소리 톤이 항상 평가에 유리하지는 않음을 보여준다. 이로 볼 때, 가상공간에서도 따뜻함이 중요한 서비스를 제공하는 기업에 한해서 높은 목소리의 광고와 메시지를 활용해 동조 효과를 고려한 '다수의 선택'을 강조하는 전략이 효과적일 수 있다.

현실의 온도와 가상세계 호감도의 관계

그렇다면 가상체험을 하는 현실 공간에서 우리 몸이 느끼는 물리적 온도가 가상현실에서의 태도와 행동에 영향을 줄까? 2021년 에르칸Erkan 교수는 실내 공간 만족도에 영향을 미치는 네 가지 요인(온도, 소리, 빛, 공기 질) 중 온도를 제외한 다른 요인을 통제한 후, 실내 온도의 변화에 따른 가상공간에서의 행태 차이를 분석한 결과를 발표하였다.[54]

실험 참가자들은 냄새, 먼지, 빛 등이 통제되고 50퍼센트의 적정 습도를 유지한 방에서 통일된 옷을 입고 헤드셋을 착용해 소음을 차단한 채 실험에 참가하였다. 그들은 VR 기기(HMD, 위 컨트롤러 Wii controller)를 착용한 후 가상공간 열 곳을 돌아다니며 각각의 공간에 대한 호감도를 평가하였다. 연구팀은 참가자들이 각각의 가상공간에서 머무르는 시간, 시선이 닿는 장소, 시선이 유지되는 시간을 측정하였다. 단, 120일 간격으로 다른 온도(15도, 22도, 30도)에서 같은 가상공간을 방문하도록 하였다.

그 결과, 적정 온도(22도)일 때 가상공간의 호감도가 가장 높고 머무르는 시간이 길었다. 또한 더운 온도(30도)보다는 시원한 온도(15도)일 때 호감도가 높고 체류 시간이 길었다. 뇌파electoencephalography; EEG 분석 결과 더운 온도일 때 피로도와 관련된 파장(알파파,

씨타파)과 스트레스와 관련된 파장(델타파)의 영향이 함께 증가했다. 한편, 적정 온도에서 여러 곳을 돌아보는 시간이 가장 길고 집중도가 높은 반면, 높은 온도에서는 탐색 범위와 집중도가 가장 부정적이었다.

이는 아무리 매력적으로 구축된 가상공간이라 할지라도 가상현실을 체험하는 현실 공간의 온도가 적절하지 못하면(특히 더운 경우) 공간 체험의 만족도, 탐색 범위와 집중도가 부정적일 수 있음을 보여준다. 따라서 만약 가상체험을 하는 실내 공간의 온도를 적절하게 유지하기 힘들다면(에너지 절약 등을 이유로 냉난방이 어려운 경우), 비몰입형 가상공간에서는 실내 조명의 온도를 조절함으로써, 몰입형 가상공간에서는 가상공간 내 조명 온도를 조절함으로써 체험자가 지각하는 신체 온도에 영향을 줄 필요가 있다. 또한 가상체험에서 마주치는 다양한 가상 캐릭터의 목소리 높낮이를 조절하는 것도 효과적인 대안으로 보인다.

지금까지 우리는 가상공간에서 온도의 효과를 예측하는 다양한 감각 마케팅 연구들을 살펴보았다. 언젠가 액추에이터Actuator*를 통해 온도를 포함한 모든 촉각을 직접적으로 전달하는 VR 슈트(예를 들어, 테슬라슈트Teslasuit climate control system)가 상용화된다면 현실세계와 다름없는 감각 경험을 할 수 있을지도 모른다. 또한 액추에이

---

* 액추에이터는 모터나 스위치, 스피커, 램프처럼 전기적인 신호의 변화를 이용하여 물리적인 상태를 바꿔주는 장치를 말한다. 출처: 국립중앙과학관 사물인터넷

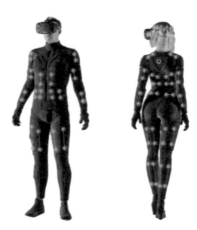

테슬라 스튜디오에서 개발한 전신 VR 슈트 (출처: 테슬라슈트 공식 홈페이지)

터 없이 신경에 전기 자극을 전달함으로써 뇌를 속이는 인공 감각 기술도 **빠르게** 발전하고 있다.

하지만 촉각은 사람마다 느끼는 정도에 상당한 차이가 있어 개인 맞춤형 자극을 제공하는 데 어려움이 있고, 뇌에 전기 자극을 전달하는 것이 의학적으로 문제가 되지 않는지 확인이 필요하다.[*] 따라서 인공 감각 기술들이 상용화되는 데에는 적지 않은 시간이 소요될 것으로 보이며 그 전에는 시각과 청각 정보의 변화로 체감 온도를 조절해 긍정적 평가를 유도하는 전략이 좋은 대안이 될 수

---

[*]　대구경북과학기술원 정보통신융합전공의 장재은 교수 연구팀은 사람마다 느끼는 주관적인 감각 정보를 AI에게 학습시킨 결과, 40여 개 다양한 옷감에 대해 98퍼센트의 정확도로 실제 감각과 유사한 인공 감각을 맞출 수 있었다고 주장한다. 출처: 〈온도·향기·감촉까지 생생하게… 차원 다른 '리얼 메타버스'가 온다〉 이종화 기자(2021.7.30.), 매일경제.

있다. 언어적 은유(예를 들면 따뜻함-정서적 가까움-물리적 거리 감소)에서 오는 기억의 연결고리를 잘 이해하면 제약 조건이 있는 가상현실에서도 의외로 좋은 마케팅 전략을 고안해낼 수 있다.

Rethinking
Metaverse

9장

'점화 효과'를 알고
제품을 진열할 때

무거운색은 아래에,
가벼운색은 위에

유통매장에서의 제품 진열은 소비자 행동에 중요한 영향을 미치는 변수로 알려져 있다. 그렇다면 가상스토어에서도 제품을 진열하는 방식에 따라 소비자의 평가와 선택이 달라질까? 앞에서 본 바와 같이 실제 편의점과 동일하게 가상편의점에서도 눈높이 진열에서 소비자의 선택을 받을 가능성이 증가하지 않았는가?(4장 참고) 그 밖에도 가상스토어에서 제품 진열과 관련해 생각해보아야 할 여러 중요한 주제가 있다. 특히 주변 환경과 맥락의 변화에 따라 소비자 구매 의사결정 과정에 어떠한 변화가 생기며, 진열 효과는 어떻게 달라지는지 살펴볼 필요가 있다.

예를 들어, 가상스토어에서 배경 색상의 화려함이 소비자가 진열된 제품을 선택하는 행동에 어떠한 차이를 발생시키는지, 또는 제품 패키지 색의 명도에 따라 진열 위치 효과가 달라지는지를 알아보는 것은 흥미로운 주제이다. 뿐만 아니라 제품을 노출하기 전 소비자에게 제공하는 다양한 감각 정보가 제품을 평가하는 기준과 방법에 영향을 미칠 수 있다. 어쩌면 아무 생각 없이 보게 된 배경 그림과 사진 한 장이 무의식적으로 내 기억에 특정 연상을 활성화시킬 수 있기 때문이다.

화려한 색상이 유도하는 타협 효과

소비자들이 스마트폰을 구매할 때 나타나는 흥미로운 현상 얘기부터 해보자. 우리는 보통 스마트폰을 구매할 때 기종·색상·메모리 순으로 결정하게 된다. 애플의 아이폰 6, 6S는 네 가지 색상(실버, 골드, 로즈골드, 그레이/블랙)으로 출시되었다. 이 중 로즈골드는 이전 모델에는 없는 새롭게 추가된 색상이었다. 아이폰의 메모리 옵션은 64기가, 128기가, 256기가로 나뉘는데, 유독 로즈골드 색상을 선택한 미국 소비자들이 중간 메모리 옵션인 128기가를 가장 많이 선택했다. 그 이유가 무엇일까?

2018년 김정근 교수 연구팀이 발표한 논문에 따르면, 이는 독특함과 순응의 균형을 추구하는 인간의 특성이 타협 효과compromising effect를 강화했기 때문으로 보인다.[55] 타협 효과는 양극단을 피하고 중간을 선택하려는 성향을 의미한다. 즉, 로즈골드라는 독특한 색을 선택한 소비자는 타인이 가장 많이 선택했을 것으로 보이는 중간 옵션인 128기가를 선택함으로써 독특함과 순응의 균형을 추구했다는 말이다. 이러한 현상은 여러 국가의 다양한 아이폰 모델에서 유사하게 나타났다. 한국의 한 통신기업에서 제공받은 2016년 10월부터 2017년 2월까지의 데이터 17만 6,563건을 분석한 결과, 아이폰 6뿐 아니라 아이폰 7, 7플러스에서도 특이한 색상을 선택한 소비자의 중간 메모리 옵션 선택 비율이 유독 높았다.*

그렇다면 제품의 색이 아닌 제품을 담는 포장 패키지의 색도 소비자의 선택에 영향을 미칠까? 이를 알아보기 위해 핼러윈데이에 이웃집을 방문한 99명의 6~12세 아이들에게 세 가지 맛(덜 신맛, 보통 맛, 매우 신맛)의 사탕 가운데 하나를 선택하게 하는 실험을 진행하였다. 단, 그룹을 둘로 나누어 첫 번째 그룹에는 세 가지 맛의 사탕을 동일한 색상의 용기 세 개에 담아서 제공하였고, 두 번째 그룹에는 맛에 따라 색이 서로 다른 용기 세 개에 담아서 제공하였다. 그 결과, 맛에 따라 색상을 구분한 용기에 제공했을 때 상대적으로 가운데 용기의 사탕(보통 맛)을 선택하는 비율이 증가하고, 양극단에 있는 용기의 사탕(덜 신맛, 매우 신맛)을 선택하는 비율이 감소하였다. 이는 다양한 제품 패키지 색상이 독특함을 추구하는 욕구를 충족해줌으로써, 양극단을 피하고 중간 옵션을 선택하는 타협 효과를 강화했다고 해석할 수 있다.

---

*   타협 효과는 한국인이 미국인보다 강한 것으로 알려져 있다.

진열대의 색과 재고 처리의 기술

그럼 이번에는 제품의 패키지가 아닌 제품 진열에 사용된 배경색이 소비자 선택에 미치는 영향을 알아보자. 연구자들은 뉴질랜드 스시 매장에서 3일 동안(화, 수, 목) 10개 메뉴를 요일별로 다른 배경색에 진열한 후, 타협 효과에 차이가 발생하는지를 확인하고자 하였다. 이를 위해 진열 방법에 따라 양극단의 두 메뉴(연어 아보카도, 미니 스시롤)와 다른 여덟 메뉴의 상대적인 매출 차이를 분석하였다. 수요일은 네 가지 색상이 한 줄씩 번갈아 적용된 스시 진열대를 이용한 반면, 화요일과 목요일은 색상 차이가 없는 일반 스시 진열대를 이용하였다.

분석 결과, 다양한 색상의 진열대를 사용한 수요일의 경우(화, 목 대비), 중간에 있는 여덟 개 메뉴의 매출이 상대적으로 높았다. 특히 오른쪽 끝에 진열한 미니 스시는 요일별 판매 변화가 거의 없었으나, 왼쪽 끝에 진열한 연어 아보카도 스시의 판매 감소가 두드러졌다(화요일은 27.5퍼센트, 수요일은 11.5퍼센트, 목요일은 26.9퍼센트였다).* 이는 다양한 배경색을 이용한 진열이 소비자의 독특함 추구 욕구를 어느 정도 충족해줌으로써, 다수가 선호하는 중간 옵션을 선택

---

* 미니 스시는 다른 스시와 완전히 다른 모양의 메뉴로, 색상에 따른 진열 효과의 영향을 상대적으로 덜 받은 것으로 추론된다.

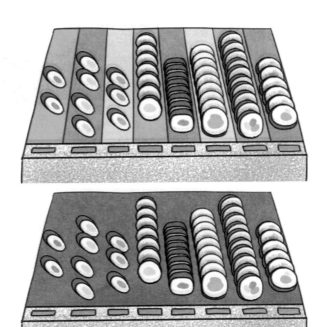

여러 색상이 번갈아 적용된 진열대(위)와 색상 차이가 없는 일반 진열대(아래)

하는 타협 효과가 강화되었다고 해석할 수 있다.

그렇다면 오프라인이 아닌 온라인 공간에서도 제품 진열에 사용하는 색상이 타협 효과에 영향을 줄까? 이를 확인하기 위해 온라인 쇼핑몰인 아마존amazon에서 실제로 판매하는 세 개 카메라 브랜드(캐논, 소니, 삼성)의 검색 결과를 토대로, 두 유형의 제품 상세 페이지를 제작하였다. 제품의 배치는 소니를 중심으로 왼쪽에 캐논, 오른쪽에 삼성을 두었으며, 제품 상세 페이지 유형은 색상을

카메라가 다른 색일 경우

	A	B	C
브랜드	A	B	C
가격	100달러	160달러	220달러
해상도	14.2메가픽셀	16.1메가픽셀	18.0메가픽셀

카메라가 같은 색일 경우

	A	B	C
브랜드	A	B	C
가격	100달러	160달러	220달러
해상도	14.2메가픽셀	16.1메가픽셀	18.0메가픽셀

적용하는 방식에 차이가 있었다.

구체적으로 첫 번째 유형은 제품 정보를 브랜드별로 다른 색상으로 표기하였다. 즉, 브랜드, 가격, 화질 정보를 표기할 때 제품 색상과 동일하게 캐논은 붉은색, 소니는 파란색, 삼성은 녹색을 사용하였다. 반면 두 번째 유형은 모든 브랜드의 제품 색상과 정보를 파란색으로 통일하였다. 그 결과, 다양한 색을 적용한 첫 번째 유형이 동일한 색을 적용한 두 번째 유형보다 가운데 있는 소니 카메라를 선택하는 비율이 높았다(40퍼센트와 19퍼센트). 이는 온라인 진열에서도 여러 색상을 사용해 소비자의 독특함 욕구를 충족시킬 경우 타협 효과가 강화됨을 말해준다.[*]

그런데 독특한 색상이 타협 효과에 미치는 영향은 얼마나 지속될까? 나는 동료 연구자들과 비몰입형 가상세계 플랫폼인 게더타운에 화려한 색상(천장과 바닥, 왼쪽과 오른쪽이 각각 보색)의 방과 흰색으로만 된 방을 각각 만든 후, 방에 세 개의 의자를 놓고 가운데 의자에 앉는 비율에 차이가 있는지 확인하였다.[**] 그 결과 화려한 색상의 방에 입장한 참가자들이 상대적으로 가운데 의자에 앉는 비율이 높았다. 다음으로 자리에 앉은 참가자들에게 접시에 제공된 세 종류의 과자 가운데 하나를 선택하라고 했는데, 방의 색깔에 따른 선택의 차이는 나타나지 않았다. 이는 독특한 색상이 미치는 효과가 오래 지속되지 못하고 제한적임을 의미한다.[***]

지금까지 논의한 연구 결과는 메타버스 가상스토어에서 제품을 진열할 때 고려해야 할 의미 있는 통찰을 제공한다. 예를 들면, 재고를 빠르게 감소시킬 필요가 있는 제품의 경우 화려한 색상의 진

---

[*]   실제로 아마존이 사용하는 제품 상세페이지 색상 적용 방법은 실험과 차이가 있다. 아마존은 브랜드에 상관없이 세부 속성 항목들을 다양한 색상으로 통일하여 표기한다. 예를 들면, 캐논, 소니, 삼성 카메라에 동일하게 제품 특성은 파란색, 가격은 붉은색, 평점은 노란색으로 표기한다. 이러한 진열 방식은 이 책에서 언급하지 않은 추가 실험 결과를 토대로 추론해볼 때 타협 효과를 강화하지 못할 것으로 예상된다.

[**]   LG인화원의 '가상세계에 대한 심리적 접근'이란 MSG 학습 모임에서 단국대 민동원 교수 및 참여자들과 함께 실험 프로젝트를 수행하였다.

[***] 가운데 의자를 선택한 사람은 다수 의견을 따르는 동조 행위를 하였으므로, 독특함을 추구하는 욕구가 증가하여 과자 선택 시 양극단을 더 선택할 가능성도 있다. 하지만 분석 결과 의자의 선택이 과자의 선택에 미치는 효과는 없었다.

열대 가운데에 배치함으로써 소비자 선택을 유도할 수 있다. 또한 진열 공간이 아닌 제품 정보 제공에 사용하는 색에 변화를 주는 것도 가상스토어가 주력으로 판매하고자 하는 제품을 선택하도록 유도하는 데 도움이 될 것이다.

제품 색의 명도에 맞춰 진열하라

한편 앞선 연구에서는 가로로 진열된 제품을 선택할 때 배경색이나 제품 패키지의 색이 타협 효과에 미치는 영향만을 다루었지만, 오프라인 매장에는 다양한 제품이 수직으로 진열된 경우가 매우 많다. 이와 같은 수직 진열에서는 색이 소비자의 행동에 미치는 영향이 없을까?

2016년 수나가Sunaga 교수 연구팀은 수직 진열에서 제품 패키지 색의 명도lightness가 소비자 행동에 어떤 영향을 미치는지를 분석한 실험 결과를 발표하였다.[56] 이 연구는 색의 명도와 무게의 관계에 주목하였다. 인간은 일반적으로 밝은색을 가볍게, 어두운색을 무겁게 생각하는 경향이 있다. 따라서 가벼운 느낌을 주는 밝은 패키지의 제품을 진열대 상단에, 무거운 느낌을 주는 어두운 패키지의 제품을 진열대 하단에 배치함으로써 긍정적인 쇼핑 경험을 유도할 수 있다. 즉, 시각적으로 보기가 편하고, 원하는 제품을 쉽게 찾는 데 도움을 줄 뿐 아니라 소비자의 선택에도 긍정적 영향을 미칠 가능성이 있다. 연구자들은 실험을 진행해 이를 확인하고자 하였다.

먼저 실험 참가자를 세 집단으로 나누어 진열 방법이 다른 가상의 수직 진열대 세 개 중 하나를 각각 보여준 후, 보기에 얼마나 편하고 정보 처리가 쉬운지perceptual fluency(정보 처리 용이성) 답하도록 하였다. 가상의 진열대는 아래에서 위까지 총 네 칸으로 각 칸마다 여섯 개의 주방세제 제품이 전시되었다. 첫 번째 진열대는 명도와 위치를 일치시킨 진열로 윗 두 칸이 가벼운색(10퍼센트 어두움), 아래 두 칸이 무거운색(30퍼센트 어두움) 제품들로 구성되었다. 반면 두 번째 진열대는 명도와 위치를 불일치시킨 진열로 윗 두 칸이 무거운색, 아래 두 칸이 가벼운색 제품들로 구성되었다. 마지막 진열대는 비교를 위한 통제 그룹으로 무거운색 제품들과 가벼운색 제품들이 한 칸씩 섞여 있었다. 그 결과, 명도-위치 일치 조건에서 다른 두 조건에 비해 참가자들이 시각적 편안함을 더 크게 느끼고 정보 처리 용이성이 높았으며, 불일치 진열 조건과 통제 조건 간 차이는 없었다.

다음으로 명도-위치 일치 여부가 제품 탐색 용이성에 미치는 효과를 분석하는 추가 실험을 진행하였다. 앞선 실험에서 사용한 세 가지 진열 방법을 동일하게 적용한 후, 각각의 조건에서 참가자들에게 컴퓨터 화면에 아주 짧은 시간(3000ms, 약 3초) 나타난 제품을 진열대에서 찾아 마우스로 클릭하라고 하였다. 참가자마다 탐색 실험을 총 24회 실시하였으며 응답이 틀릴 경우 화면에 'incorrect'를 표시하여 다시 찾도록 하였다. 탐색 용이성은 진열대에서 정확한 제품을 찾는 데 소요된 평균 시간으로 측정하였다. 실험 결과 명도-위치 일치 진열의 경우 다른 두 조건에 비해 탐색 용이성이 높았으며, 통제 조건과 불일치 조건 간 차이는 유의하지 않았다.

그렇다면 제품 패키지 색의 명도와 진열 위치의 일치 여부가 정보 처리 용이성과 탐색 용이성을 넘어 소비자가 어떤 제품을 선택하는지에도 영향을 미칠까? 연구팀은 16개의 책을 가상의 진열대에 명도-위치 일치 또는 불일치하게 진열한 후, 오늘부터 당장 읽을 책과 한 달 후부터 읽을 책을 각각 선택하도록 하는 추가 실험을 진행하였다. 사람들은 일반적으로 무거운 책이 더 좋은 책이지만 가벼운 책이 상대적으로 읽기 편하다는 생각이 있다. 따라서 당장 읽을 책(먼 미래에 읽을 책 대비)은 가벼운 책을 선택할 가능성이 높으므로 진열대 상단에 가벼운 책을 놓는 명도-위치 일치 진열은 소비자의 선택을 도울 수 있다. 분석 결과, 실제로 당장 읽을 책을 선택하는 경우 진열대 상단의 책을 선택할 확률은 일치 조건(불일치 조건 대비)에서 더 높게 나타났다.

반면, 한 달 후 읽을 책을 선택하는 경우에는 명도-위치의 일치 여부가 상단의 책을 선택할 확률에 미치는 효과가 없었다. 이는 당장 읽을 책을 선택할 때 가벼운 책을 찾는 것처럼, 무게가 소비자의 주요한 선택 기준이 되는 제품의 경우에는 명도-위치 일치 진열이 중요함을 말해준다. 또한 과자를 대상으로 진행한 추가 실험에서 무게가 소비자의 주요한 선택 기준일 경우 제품 진열의 명도-위치 일치 여부는 소비자의 선택뿐 아니라 최대지불의향 가격에도 영향을 줄 수 있음이 확인되었다.

이로써 가상스토어에서 판매하는 제품의 차별적 장점을 고려한 패키지 디자인과 진열 위치를 고민할 필요성을 알아보았다. 예를 들어, 다이어트에 효과적인 식품 브랜드의 경우 경쟁 제품들에 비해 가벼움이 느껴지도록 명도가 높은 색의 패키지로 진열대 상단에 전시하는 것이 효과적인 반면, 풍부하고 묵직한 맛이 장점인 풀바디 와인의 경우 무게감이 느껴지는 명도가 낮은 색의 패키지로 진열대 하단에 전시하는 것이 효과적일 수 있다.*

또한 가상스토어를 방문하는 고객의 구매 목적과 동기를 사전에 파악하여 맞춤형 진열을 제시(예를 들어, 당장 읽을 책의 경우 상단 배치)하는 것도 효과적일 수 있다. 한편 모든 유형의 가상스토어에서 명도-위치 일치 효과가 발생하지 않을 수 있으니 결과를 일반화해서는 안 된다. 예를 들면 실제 제품이 일대일 사이즈로 노출되지

---

* 이 연구에서는 아래 있는 제품을 위에 있는 제품보다 상대적으로 무겁게 인식하는 'bottom-heavy'의 사고방식만을 고려하였으나, 오른쪽 제품을 왼쪽 제품보다 상대적으로 무겁게 인식하는 'right-heavy'의 사고방식도 존재하므로 앞서 살펴본 명도-위치 일치 효과가 이 경우에도 나타나는지 확인할 필요가 있다.

않는 PC 기반의 비몰입형 가상스토어의 경우 진열 칸의 높낮이 차이를 상대적으로 약하게 인식할 가능성이 있다.

진열 위치에 따른 소비자의 가격 추론

이번에는 가격에 따른 진열 방법을 생각해보자. 2012년 카이Cai 교수 연구팀은 제품을 왼쪽과 오른쪽 중 어느 곳에 진열하는지에 따라 소비자의 가격 추론이 달라질 수 있음을 보여주는 실험 결과를 발표하였다. 결론부터 말하면 왼쪽 대비 오른쪽에 진열할 경우 가격 추정치가 높았다.[57] 이는 두 가지 이유로 설명 가능하다. 첫째, 우리가 일상에서 쓰는 측정 도구들은 왼쪽에서 오른쪽으로 갈수록 숫자가 커진다. 줄자도 그렇고, 좌표를 표기할 때 사용하는 x 축도 그렇다. 이러한 시각 정보에 반복해 노출되면 자연스레 숫자와 위치 간 기억 연상을 만들고 그 결과 오른쪽에 있는 제품이 상대적으로 비싸다고 평가하게 된다.

둘째, 우리는 일반적으로 오름차순 방식을 적용해 순서를 헤아리거나 글을 쓴다. 노트에 필기할 때 번호를 매기는 방식을 생각해보라. 1, 2, 3… 순으로 정리하지 않는가? 이는 작은 숫자보다 큰 숫자가 늦게 노출된다는 의미이다. 국가에 따라 약간의 차이가 있지만 대부분 우리는 왼쪽에서 오른쪽으로 시선을 이동한다. 따라서 왼쪽에 진열된 제품보다 오른쪽에 진열된 제품을 늦게 보게 되고, 이는 더 큰 숫자를 기대하게 만든다.

　연구자들이 진행한 여섯 번의 실험 가운데 일부를 살펴보자. 중국 상하이대학교 학생들에게 램프 경매에 참여한다는 가상의 시나리오를 주고 스크린 좌우에 놓인 두 램프의 가격을 추론하게 하였다. 대략적인 가격 범위는 125~150위안(약 2~3만 원)이라고 얘기해준 후, 램프의 좌우 위치 진열을 바꿔가며 가격을 예상하도록 하였다. 그 결과 학생들은 오른쪽에 진열된 램프(왼쪽에 진열된 램프 대비)의 가격을 상대적으로 높게 추론했다(137.35위안 혹은 132.95위안).

　이번에는 위치에 따른 가격 추론이 두 제품을 나란히 진열할 때만 발생하는지 확인하기 위해, 홍콩 대학생들을 대상으로 추가 실험을 진행하였다. 김 스낵이 왼쪽 또는 오른쪽에 위치한 사진 한 장을 각각 보여주고 가격을 추론하도록 한 후 결과를 비교하였다. 단 대략적인 가격 범위가 30~45홍콩달러(약 5,000~7,000원)라고 미리 알려주었다. 그 결과 김 스낵이 오른쪽에 있을 때 예상 가격이 상대적으로 높게 나타났다(36.59홍콩달러와 34.88홍콩달러).

　이러한 실험 결과는 사람들이 숫자의 이미지를 머릿속에 그리는 심적 표상mental representation을 보여준다. 즉, 왼쪽에서 오른쪽으로 갈수록 상대적으로 비싼 제품을 진열해야 정보 처리 용이성이 높아질 수 있음을 시사한다. 가상스토어에서도 가격에 따른 진열 위치 효과가 발생하는지 추가 검증이 필요하겠지만, 앞서 살펴본 바와 같이 현실 스토어와 소비자의 정보 처리 방식이 매우 비슷한 몰입형 가상스토어의 경우 유사한 결과가 도출될 것으로 기대해 볼 수 있다.

제품 선택,
노출 시점이 중요하다

이번에는 제품의 진열 방식이 아닌 제품의 노출 시점이 제품 평가에 미치는 효과를 살펴보자. 마케팅 전문가들은 승자의 저주를 불러올 수 있는 가격 경쟁* 을 가급적 피하라고 조언한다. 예를 들면 《보랏빛 소가 온다》의 저자인 세스 고딘Seth Godin 은 "저렴한 가격은 좋은 아이디어가 다 떨어진 마케터의 마지막 피난처일 뿐이다"라고 주장하였다. 하지만 경쟁 브랜드가 가격을 낮추며 도전해오는데 아무런 대안 없이 가격 경쟁을 피하라는 말은 무책임한 조언으로 보일 수 있다.

2002년 만델Mandel 교수 연구팀은 이러한 마케터들의 고민을 해결해줄 흥미로운 연구 결과를 발표하였다. 그들은 온라인 소비자가 제품을 선택할 때 가격이 아닌 다른 속성을 더 중요한 평가

---

*   가격 경쟁에서는 승리하여도 출혈 경쟁으로 가격이 지나치게 낮아져 제품 판매에 오히려 손해를 볼 수 있다.

기준으로 생각하도록 만들 방법을 고민하였다.[58] 그 결과 온라인 쇼핑몰에 들어갈 때 처음 노출되는 랜딩 페이지의 배경색과 그림이 소비자의 브랜드 평가 기준을 바꿀 수 있음을 밝혀냈다. 실험 방법과 결과를 좀 더 구체적으로 살펴보자.

순간 노출되는 화면으로도 제품 선택 기준이 바뀔까

실험 참가자를 두 그룹으로 나누어 배경 이미지만 다를 뿐 안내문 내용은 동일한 온라인 쇼핑몰의 첫 페이지를 각각 보여준 후 버튼을 클릭해서 소파 제품들을 볼 수 있는 페이지로 이동하도록 하였다.* 첫 페이지의 배경 이미지를 다르게 한 이유는 서로 다른 속성과 관련된 연상을 머릿속에 사전에 떠올리게 하는 시각적 점화 visual prime를 위해서였다. 구체적으로 편안함을 점화하는 조건에서는 푸른색 바탕에 흰 뭉게구름이 떠다니는 모습을 배경 이미지로 설정한 반면, 가격을 점화하는 조건에서는 녹색 바탕에 1센트 동전이 그려진 모습을 배경 이미지로 설정하였다.

이후 참가자들이 비싸지만 편안한 소파와 저렴하지만 덜 편한

---

* 이 연구에서는 소파와 자동차 두 카테고리의 제품을 이용하여 실험을 진행하였으나, 실험 방법과 결과가 매우 유사하므로 소파의 연구만 설명하였다. 참고로 자동차의 경우 가격money 점화는 녹색 배경에 달러 표시$를 넣은 배경화면을, 안전성safety 점화는 붉은색 불꽃을 넣은 배경화면을 사용하였다.

편안함을 점화하는 조건의 화면(위)과 가격을 점화하는 조건의 화면(아래)

소파 중 하나를 선택하도록 하였다. 그 결과 편안함(가격 대비)을 점화한 조건에서는 상대적으로 비싸지만 편안한 소파를 선택하는 비율이 높았다. 이는 시각적 점화가 유도한 속성을 중요한 선택 기준으로 반영했음을 보여준다. 또한 이러한 시각적 점화의 효과는 소파를 잘 아는 사람과 모르는 사람 사이에 차이가 없었다.

비록 소파에 대한 지식 수준이 시각적 점화가 브랜드 선택에 미치는 효과에는 영향을 주지 않았으나 소비자의 탐색 행동에는 영향을 주지 않을까? 즉, 전문 지식이 없는 초보자의 경우 전문가에 비해 시각적 점화와 관련된 제품 속성을 더 많이 탐색하지 않을까? 이를 확인하는 추가 실험이 진행되었다. 구체적으로 가격과 편안함 측면에서 서로 다른 장단점이 있는 두 소파 브랜드(팰리세이즈 Palisades, 나이츠브리지 Knightsbridge)에서, 네 가지 속성(스타일 styling, 편안함 comfort, 가격 price, 크기 dimensions)에 대한 세부 정보를 확인할 수 있는 연결 링크를 제공하였다. 이후 점화 조건에 따라 세부 정보를 얻고자 클릭하는 속성 유형에 차이가 있는지, 또 각각을 검색하는 시간에 차이가 있는지를 비교하였다. 그 결과, 소파에 대한 전문 지식이 적은 초보자의 경우 시각적 점화와 관련된 속성 정보를 더 많이 검색하였으며 검색 시간도 더 길었다. 하지만 전문가의 경우 이러한 점화 유형별 탐색 행동에 차이가 없었다.

이는 기업이 메타버스 가상현실에서 소비자에게 노출하는 사전 시각 정보를 신중하게 설계할 필요가 있음을 보여준다. 최근에는 미국의 메타버스 플랫폼 개발 업체인 스페이셜 spatial과 같은 기업들이 가상건물의 로비와 매장 입구에 NFT 미술 작품을 전시하고 있다. 이러한 NFT 작품들은 기업이 의도하지 않게 시각적 점화를 유발함으로써 소비자의 평가 기준을 바꿀 수 있으므로 주의해야 한다. 반대로 소비자의 평가 기준을 기업에 유리한 쪽으로 바꾸기 위해 적극적으로 작품 전시를 활용할 필요가 있다. 예를 들면 프랑스 사진작가 로랑 미제Laurent Millet의 〈구름Neus〉 시리즈를 NFT 작품으로 전시하면 부드러운 목 넘김을 중요시하는 맥주나 크리미한 아이스크림에 유리한 시각적 점화를 일으킬 가능성이 있다.

가상스토어의 청각 점화를 활용하라

한편 가상공간에서는 소비자의 선택에 영향을 주기 위해 배경 이미지를 이용한 시각적 점화 이외에 청각적 점화sound prime를 사용할 수도 있다. 이는 제품 평가에 유리한 영향을 미칠 수 있는 사운드를 사전에 들려줌으로써, 특정 기억 연상을 활성화시켜 소비자의 선택에 개입하는 것을 의미한다. 예를 들어 사랑과 관련된 기억 연상을 불러올 수 있는 로맨틱한 음악을 들려주면 팝 음악을 들려줄 때보다 구매하는 꽃의 종류와 양이 늘어나고,[59] 프랑스의 이미지를 연상시키는 샹송 음악을 들려주면 독일풍 음악을 들려줄 때보다 프랑스 와인을 선택하는 비중이 늘어날 수 있다.[60]

물론 오프라인에서도 이러한 청각 마케팅이 가능하지만, 가상공간에서는 사운드를 보다 효과적으로 통제할 수 있다는 장점이 있다. 예를 들면, 다양한 제품을 구매할 수 있는 대형 마트를 방문한 고객들에게 VR 기기를 이용해 진열 공간별로 다른 음악을 들려

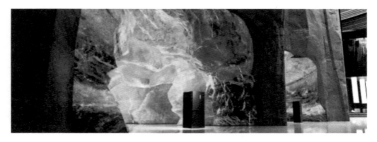

롯데 하이마트가 가상스토어에서 냉장고를 빙하 속에 전시하는 인테리어를 선보였다.
(출처: 롯데정보통신)

주는 식이다. 캠핑 제품을 진열한 공간에서는 숲속의 소리를, 맥주 제품을 진열한 공간에서는 해변의 파도 소리를 들려주면 어떨까?

이번 주제에서 학습한 내용을 요약하면 다음과 같다. 우선 제품 진열의 배경 색상을 다채롭게 할 경우 순응의 동기가 높아지고 단조롭게 할 경우 독특함 추구의 동기가 높아져 제품 평가와 선택이 달라질 수 있음을 알아보았다. 또한 제품 패키지 색상의 명도가 낮으면 제품을 무겁게 느끼므로 수직 진열에서 아래에 진열해야 효과적이었다. 한편 제품 진열을 고민할 때 제품의 가격에 따른 좌우 위치 효과를 고려해야 하는 이유를 알아보았다.

사실 이 밖에도 현실세계에서의 매장 진열과 관련된 연구들은 무수히 많다. 이들이 가상스토어에도 적용될 수 있는지 재검증이 이뤄지고, 유연한 변화가 가능하다는 점이 가상스토어의 장점으로 새롭게 재해석될 때 가상스토어만의 새로운 가치를 창출할 수 있다. 예를 들어, 최근 롯데 하이마트는 가상스토어를 구축하고 냉장고를 빙하 속에 전시하거나 등산, 캠핑 용품을 숲속에 전시하는 등의 새로운 진열 방법을 고민하고 있다.* 이러한 가상스토어만의 차별적 진열 방법이 기존 매장 진열을 다룬 이론들과 어떻게 융합될 수 있을지 고민이 필요하다.

다음으로 우리는 시각적 점화 효과에 관한 연구로, 판매할 제품을 노출하기 이전에 설득에 유리한 조건을 만드는 전략이 중요하다는 사실을 알게 되었다. 설득 분야의 최고 권위자인 로버트 치알디니 Robert Cialdini 교수는 《초전 설득》이란 책에서 본격적인 설득에 앞서 "네"라고 대답할 수밖에 없는 맥락을 만든 후, 상대가 방심하는 순간 설득의 칼을 뽑으라고 충고한다.

결국 성공적인 설득에서 중요한 것은 타이밍이다. 메타버스 가상세계는 현실세계에 비해 설득에 유리한 맥락을 설계하고 타이밍을 잡는 데 유리한 측면이 있다. 하지만 아무리 뛰어난 도구가 있어도 사용자의 도구 이해도가 얼마나 높고 숙련되었는지에 따라 결과는 확연히 다를 것이다. 그래서 메타버스 공간을 디자인하기 전에 심리학과 마케팅 이론을 공부하는 것이 중요하다.

---

* 가상스토어의 제품 진열에서 구매 상황이나 맥락을 적용할 때에는 소비자의 선택에 영향을 미칠 수 있는 다양한 요소들을 함께 고려할 필요가 있다. 예를 들어, 하이마트와 같이 제품 진열에서 빙하의 시각 정보를 활용하면 냉장고의 강력한 기능이 부각될 수도 있지만, 한편으로는 체험자가 느끼는 신체 온도가 낮아져 소비자가 중요시하는 제품 평가 항목이 달라질 가능성도 있다. 실제로 차가움을 느낀 사람이 제품의 일반적 기능(로봇의 청소 기능과 같은)보다 사회적 기능(로봇의 대화 기능과 같은)을 더 중요하게 생각한다는 연구 결과가 있다. 참조 논문: Lee, S. H. M., Rotman, J. D., & Perkins, A. W. (2014). Embodied cognition and social consumption: Self-regulating temperature through social products and behaviors. *Journal of Consumer Psychology, 24*(2), pp.234-240.

10장
왜 색에 따라 메시지가
다르게 읽힐까

사람의 행동 동기를
바꾸는 색 온도

이 책의 마지막 주제는 가상공간에서의 색이 인간의 태도와 행동에 미치는 영향이다. 이와 관련된 몇 가지 흥미로운 질문이 있다. 첫째, 인간이 어떤 색에 노출되는지에 따라 행동 동기와 업무 성과가 달라질까? 둘째, 실내 온도에 따라 우리가 편안함을 느끼는 공간의 색에 차이가 있을까? 마지막으로, 같은 제품이라 하더라도 제품 색의 명도가 변하면 제품이 가진 속성(내구성, 사용 편의성 등)에 다른 평가를 내릴까? 이러한 질문의 답은 현실세계에서 진행된 감각 마케팅 연구들, 특히 시각 마케팅 연구 결과를 토대로 추론해볼 수 있다. 이제부터 각각의 질문과 관련된 연구들을 살펴보도록 하자.

적절한 배경색으로 광고 효율 높이기

2009년 메타Mehta 교수 연구팀은 붉은색과 푸른색이 인간의 행동 동기와 업무 성과에 미치는 효과를 분석한 실험 결과를 발표하였다.[61] 이들은 붉은색이 회피 동기를, 푸른색이 접근 동기를 각각 유도할 것으로 예측하였다. 붉은 신호등이 멈춤을, 푸른 신호등이 움직임을 의미하는 것을 생각해보면 이해가 된다. 연구팀은 단어를 맞추는 애너그램 게임을 실시하고, 단어를 맞추는 데 소요된 시간을 측정하였는데, 이때 제시된 12개의 단어 가운데 세 개는 회피 동기와 관련된 단어, 다른 세 개는 접근 동기와 관련된 단어, 마지막 여섯 개는 동기 유형과 관련 없는 단어로 구성하였다.* 이는 배경 색상에 따라 어떤 동기와 관련된 단어들을 더 빨리 맞추는지 비교 분석하고자 함이었다.

그 결과 접근 동기와 관련된 단어를 맞추는 데 소요되는 시간은 푸른색 배경(붉은색 대비)이 상대적으로 더 짧았으나, 회피 동기와 관련된 단어는 붉은색이 더 짧았다. 한편, 중립 유형의 단어는 배경 색상에 따른 차이가 없었다. 이는 배경 색상에 따라 서로 다른 행동 동기가 유발되고, 과제가 이와 일치하는 유형일 경우 성과가

---

*   회피 동기 관련 단어는 prevent, 접근 동기 관련 단어는 adventure, 동기와 관련 없는 단어는 computer 등이었다.

더 좋아짐을 보여주는 결과이다.

한발 더 나아가 서로 다른 동기 유형을 자극하는 브랜드 메시지에 대한 반응이 배경 색상에 따라 차이가 있는지를 알아보는 실험을 진행하였다. 이번에도 참가자를 컴퓨터 배경 색상에 따라 두 그룹으로 분류한 후 한 그룹에는 "이를 하얗게 해주는 치약"이라는 접근 동기와 관련된 메시지를, 다른 그룹에는 "충치를 예방해주는 치약"이라는 회피 동기와 관련된 메시지를 보여주고 반응을 비교하였다. 그 결과 접근 동기와 관련된 메시지는 배경색이 푸른색일 때 더 긍정적으로 평가받은 반면, 회피 동기와 관련된 메시지는 배경색이 붉은색일 때 더 긍정적으로 평가받았다.

다음으로 배경 색상이 행동 동기를 넘어 업무 성과에도 영향을 미치는지 알아보는 추가 실험을 진행하였다. 연구자들은 배경 색상이 행동 동기에 영향을 미치므로, 이러한 행동 동기의 차이가 창의성이 요구되는 일과 디테일이 중요한 일 중 어느 쪽이 성과가 좋을지를 결정지을 것이라고 기대했다. 즉, 접근 동기는 창의적인 일, 회피 동기는 디테일이 중요한 일과 관련이 있을 것으로 판단하고,* 푸른색일 때는 창의적인 일의 성과가 좋은 반면 붉은색일 때는 디테일이 중요한 일의 성과가 좋을 것으로 예측하였다.

먼저 창의적인 일의 성과를 측정하기 위해 컴퓨터의 배경 색상

---

* 창의적인 일은 문제 해결을 위한 적극적인 사고가 요구되어 접근 동기와 관련이 있는 반면, 디테일이 중요한 일은 작은 실수라도 발생하지 않도록 노력하는 회피 동기와 관련성이 높다.

을 푸른색과 붉은색으로 각각 나눈 후, 1분 동안 벽돌 하나로 할 수 있는 것을 최대한 많이 기술하도록 하였다. 그 결과, 색상에 따른 아이디어 개수에 차이는 없었으나 창의성의 정도는 배경색이 푸른색일 때 더 높았다. 다음으로 디테일이 중요한 일의 성과를 측정하기 위해서 마찬가지로 배경 색상이 다른 두 컴퓨터에 36개의 단어를 제시한 후 2분 동안 암기하도록 했고 20분 후 기억력을 측정하였다. 그 결과 색상별로 기억하는 단어 개수에는 차이가 없었으나 정확도는 붉은색이 푸른색에 비해 높게 나타났다. 이는 붉은 색상이 세부적인 내용에 더 주목도를 높여 실수 없이 꼼꼼하게 일을 처리하도록 유도했음을 의미한다.

그렇다면 배경 색상이 유발하는 디테일과 창의성의 성과 차이는 광고 메시지의 효과에도 영향을 미칠까? 연구자들은 먼저 두 카메라 광고 A, B를 제작한 후 배경 색상에 따라 각각의 광고 메시지에 대한 평가가 달라지는지를 분석하였다. 광고 A는 카메라의 세부 특성들(렌즈 등)을 시각적으로 표현하였고, 광고 B는 카메라와 직접 관련이 없는 연상들(레스토랑 테이블, 지도 등)을 시각적으로 표현하였다. 광고 A를 평가할 때는 디테일 중심의 사고가 필요한 반면, 광고 B를 평가할 때는 카메라와 무관한 연상을 연결시키는 창의적 사고가 필요하다. 분석 결과, 배경 색상이 푸른색일 때는 창의적 사고가 요구되는 광고 B(광고 A 대비)가 긍정적인 평가를 받은 반면, 배경 색상이 붉은색일 때는 디테일 중심의 사고가 필요한 광고 A가 긍정적인 평가를 받았다.

한편 배경 색상은 일을 처리하는 속도와 정확도에 서로 다른 영향을 미칠 가능성이 있다. 앞선 실험 결과와 같이 붉은색은 정확도에, 푸른색은 속도에 좀 더 집중하도록 할까? 이를 확인하기 위해 배경 색상(붉은색과 푸른색)이 다른 컴퓨터 각각에 이름과 주소와 관련된 정보를 보여준 후 잘못 매칭된 것을 찾는 과제를 수행하도록 하였다. 그 결과 예상대로 배경색이 붉은색일 때는 정확도가, 푸른색일 때는 속도가 더 빨랐다.

그런데 이러한 배경 색상의 효과를 우리가 의식할 수 있을까? 아니면 무의식적으로 작용하는 것일까? 연구자들은 컴퓨터의 흑백 화면에 검정 글씨로 두 유형의 일에 대한 특성들을 서술하고 각각을 처리할 때 푸른색과 붉은색 가운데 어떤 색상이 더 효과적일지 선택하도록 함으로써 이를 확인하고자 했다. 두 가지 유형의 일은 ①세부적이고 주의 깊으며 시스템적 정보 처리를 요구하는 일, ②창의적이며 상상력을 유발하고 고정관념에서 벗어나야 하는 일이었다. 그 결과 업무 유형에 상관없이 푸른색을 선택한 비율이 월등히 높았다. 이로써 색상의 효과는 무의식적으로 나타나는 것으로 해석할 수 있다.

색과 온도의 조화를 노려라

이제 공간의 색상과 편안함의 관계를 분석한 연구를 살펴보도록 하자. 색-온도 가설hue-heat hypothesis에 따르면 인간은 붉은 계열(노랑, 빨강)의 색 또는 빛을 따뜻하게, 푸른 계열(파랑, 초록)의 색 또는 빛을 차갑게 느낀다. 수도꼭지나 정수기 밸브에 따뜻한 물을 붉은 색으로, 차가운 물을 파란색으로 표기한 것도 우연이 아니다. 연구 결과에 따르면 인간은 강렬한 붉은 색상의 빛(푸른 색상의 빛 대비)에 노출되면 0.4도 정도 낮은 실내를 선호한다.[62] 또한 항공기 기내에서도 노란색 불빛을 사용할 경우 더 따뜻하다고 느낀다.[63]

2018년 왕Wang 교수 연구팀은 일곱 가지 다른 색상의 방에서 사람들이 느끼는 온도와 편안함에 차이가 있는지를 분석하였다.[64] 방은 두 개의 차가운 색(파랑, 초록), 두 개의 따뜻한 색(빨강, 노랑), 세 개의 중립적 색(검정, 흰색, 보라색)으로 구성되었다. 연구자들은 다양한 실내 온도(23도, 26도, 29도)에서 이들 색상이 인간이 느끼는 편안함에 미치는 효과를 분석하고자 실험 참가자에게 색상 외 편안함에 영향을 줄 수 있는 다른 환경 요소(습도 등)가 완전히 통제된 일곱 개의 방을 10분씩 방문한 후 5분간 휴식을 취하라고 하였다.

분석 결과, 먼저 체감온도는 전체적으로 차가운 색일 때 낮게 나타났으나, 실내 온도가 증가할수록 차가운 색의 온도 효과는 줄어들었다. 구체적으로, 가장 낮은 온도인 23도에서는 파랑, 초록의 차가운 색이 모두 중립적 색보다 체감온도가 낮았으나, 최적의 온도인 26가 되면 파랑만 낮았고, 가장 높은 온도인 29에서는 파랑, 초록 모두 중립적 색과 온도 차이가 없었다. 다음으로 편안함의 정도는 23도에서는 따뜻한 색을 편안하게 느끼는 반면, 최적의 온도인 26도에서는 색상에 따른 편안함의 차이가 없었고, 29도에서는 따뜻한 색을 오히려 불편하게 느꼈다.

연구 결과를 종합해보면, 먼저 최적의 온도 이상으로 실내 온도가 높을 때(29도)에는 차가운 색상을 이용해 체감온도를 낮추려는 시도가 큰 효과가 없으나 따뜻한 색은 가급적 피하려는 노력이 필요함을 알 수 있다. 한편 최적의 실내 온도(26도)를 유지할 수 있다면 방의 색상을 활용해 더 큰 편안함을 제공하려는 시도는 큰 의미가 없다.

색은 독단으로 존재하지 않는다

지금까지 우리는 가상세계 공간을 디자인할 때 공간의 용도와 온도를 고려한 색상 적용이 필요함을 살펴보았다. 예를 들어, 창의적인 아이디어를 내야 하는 가상회의 공간은 푸른색을, 꼼꼼한 스케줄링을 해야 하는 회의 공간은 붉은색을 적용하면 효율이 오를 것이다. 하지만 실내 온도가 낮다면(높다면) 푸른색(붉은색)을 활용할 경우 불편함을 느낄지도 모르니 주의가 필요하다. 한편 천장의 높이·유형·개방감·자리 배치와의 결합 효과interaction effect도 함께 고려해야 한다. 예를 들어, 높은 천장은 창의적인 일에 도움이 되고 낮은 천장은 디테일에 집중하는 일에 도움이 되는데, 천장이 높고 푸른 공간이 창의적인 일에 더 큰 도움이 되는지, 아니면 차이가 없거나 오히려 역효과가 나는지 추가 연구가 필요하다.

뿐만 아니라 국가 간 색상 선호도 차이도 중요한 요소다. 예를 들어, 일반적으로 푸른색이 더 선호되는 다른 국가들과 달리 중국에서는 붉은색에 대한 선호도가 특히 높아 앞서 살펴본 결과를 왜곡시킬 가능성이 있다. 따라서 색에 대한 사전 인식이 다른 문화권에서는 이 연구 결과를 적용하기 전 추가 검증 절차가 반드시 필요함을 잊어서는 안 된다.

다행히 문화권에 따른 색의 인식 차이가 밝혀지면 가상공간에서는 상대적으로 쉽게 그 결과를 활용할 수 있다. 예를 들어 같은 주제라 할지라도 서양인 고객인지 중국인 고객인지에 따라 가상 비즈니스 회의 공간 색을 다르게 적용하면, 좀 더 의미 있는 회의 결과를 유도할 수 있을 것이다. 어쩌면 더 나아가 서양인, 중국인이 같은 공간에서 함께 회의할 때에도 VR 기기를 활용하여 각자에게 맞는 색의 회의 공간을 설정할 수 있을지도 모른다.

명도와 무게 인식은
특정 메시지를 증폭한다

색의 명도는 어떨까? 일반적으로 색의 명도는 제품의 중요한 속성 가운데 하나인 무게 인식에 영향을 준다고 알려져 있다. 즉, 어두운색은 무겁게, 밝은색은 가볍게 인식하는 경향이 있다. 그런데 제품의 무게에 대한 우리 인식은 제품 속성 평가에 영향을 미친다. 즉 무거운 제품은 흔들리지 않고, 잘 고정되어 안정적이라는 느낌을 갖게 하며 이는 내구성durability이 좋다는 인식을 유도할 수 있다. 반면 가벼운 제품은 어렵지 않고 편리하다는 느낌을 갖게 하며 사용 편의성user-friendliness이 높다고 느낄 가능성이 크다. 요컨대, 색의 명도가 높으면 무겁게 인식되어 내구성 평가가 좋아지는 반면, 색의 명도가 낮으면 가볍게 느껴 사용 편의성이 높다고 인식할 것으로 예상해볼 수 있다.

색의 명도는 제품의 어떤 면을 강조하는가

2019년 핵트베트 Hagtvedt 교수는 색의 명도가 제품의 내구성과 사용 편의성 평가에 미치는 효과를 분석한 실험 결과를 발표하였다.[65] 먼저 제품 색의 명도에만 차이가 있는 붉은색 노트북 사진 두 장을 보여준 후, 실험 참가자들에게 내구성이 좋은 노트북을 고르라고 하였는데, 대부분 명도가 낮은 어두운 색의 노트북(85퍼센트와 15퍼센트)을 골랐다. 반면 사용하기 편한 노트북을 고르라고 한 경우에는 대부분 명도가 높은 밝은 색의 노트북을 선택했다(68퍼센트와 32퍼센트). 다음으로 제품 색의 명도가 내구성과 사용 편의성 평가에 미치는 효과가 제품 무게를 다르게 인식하기 때문인지를 확인하는 추가 실험을 진행하였다. 참가자들에게 명도만 다른 푸른색의 캐리어를 보여준 후, 제품에 대한 무게 인식과 내구성, 사용 편의성을 질의하였다. 그 결과 밝은색(어두운색)의 여행 가방을 더 가볍게(무겁게) 인식했으며 이는 사용 편의성(내구성) 평가를 개선시키는 것으로 확인되었다.

그렇다면 제품 색의 명도가 유발하는 무게 인식의 차이는 항상 내구성과 사용 편의성 모두에 영향을 미칠까? 무거워 보이면 내구성이 좋다고 생각하지만, 가벼워 보여도 사용 편의성이 높다고 생각하지 않는 제품이 있을지도 모른다. 이를 확인하기 위해 색의 명도가 다른 자동차 둘을 보여준 후 사용 편의성을 평가하도록 하였다. 그 결과 어두운색의 명도가 낮은 자동차는 더 무겁게 인식되고 내구성이 좋은 것으로 평가받았다. 반면 밝은색의 명도가 높은 자동차는 더 가볍게는 인식되었지만 사용 편의성이 높은 것으로 평가받지는 못했다. 이는 '무거움-내구성'의 관계는 성립하나 '가벼움-사용 편의성'의 관계는 반드시 성립하지는 않음을 의미한다.

사실 가벼움-사용 편의성의 관계는 또 다른 이유에서 무거움-내구성의 관계에 비해 성립되기 어려운 측면이 있다. 제품의 구성을 추측하는 것만으로도 판단이 가능한 내구성과 달리, 제품을 사용하는 상상을 해야 하는 사용 편의성은 더 많은 인지적 노력을 요구하기 때문이다. 이를 확인한 추가 실험을 살펴보자.

연구자들은 참가자들에게 제품 색의 명도만 다른 똑같은 모양의 볼펜 두 자루를 보여주고 설문 종료 시까지 손을 대지 말라고 지시하였다. 명도가 높은 볼펜은 흰색, 낮은 볼펜은 검정색이었다. 설문 문항은 볼펜의 무게 인식, 내구성, 사용 편의성을 평가하는 것이었다. 단, 그룹을 나누어 한 그룹에는 설문에 응답할 때 숫자 하나를 기억하도록 지시해 인지적 노력 수준을 높였고, 다른 그룹에는 별도의 지시를 하지 않았다. 숫자를 기억하도록 하면, 인지적 노력이 많이 요구되는 사용 편의성을 평가하는 데 방해를 받아 결과에 차이가 발생하는지 확인하기 위함이었다.

실험 결과, 참가자들은 어두운색의 볼펜을 더 무겁다고 인식했고 내구성도 더 높게 평가했다. 하지만, 사용 편의성 평가는 사전에 숫자를 주고 기억하도록 했는지(즉, 인지적 노력 수준을 높였는지) 여부에 따라 달랐다. 즉, 숫자를 기억하도록 한 경우 밝은색의 볼펜을 더 가볍다고 생각했지만, 사용 편의성이 높다는 인식은 하지 못했다.

이를 종합하면 다음과 같다. 제품 색의 명도는 제품의 무게 인식에 영향을 미치며, 이는 내구성이나 사용 편의성과 같은 제품 속성 평가에 차이를 발생시킬 수 있다. 다만 '가벼움-사용 편의성' 간 관계가 모호한 제품군(예들 들어, 자동차)이나 사전에 인지적 노력을 많이 소요한 상황에서는 사용 편의성 평가에 차이가 발생하지 않을 가능성이 높다. 이는 가상스토어에서 판매되는 제품을 기획할 때 색상hue 뿐 아니라 색의 명도lightness를 함께 고려해야 함을 말해준다. 다만 가상스토어에서의 쇼핑 절차가 복잡하거나 여러 소음으로 쇼핑 환경이 좋지 않은 상황에선 인지적 노력이 많이 소요되므로, 색 명도를 높여 사용 편의성이 좋아 보이게 만들려는 전략은 효과적이지 않을 수 있음을 기억해야 한다. 특히 HMD를 착용하고 몰입형 가상스토어를 처음 방문하는 쇼핑객의 경우, 사전에 소요되는 인지적 노력 수준이 예상보다 더 높을 수 있다.

기술이 아닌 사람의 관점으로 메타버스 바라보기

2022년 말 메타는 전 세계 2,000명의 직장인과 400명의 비즈니스 리더를 대상으로 메타버스를 어떻게 생각하는지 설문조사를 실시하였다.[66] 이를 통해 2023년 메타버스의 미래를 예측하였는데, 조사 결과를 간단히 소개하면 다음과 같다.

먼저, 코로나19가 안정화되면서 많은 직원이 사무실로 복귀하였지만 여전히 30퍼센트 이상이 재택근무를 할 것이며, 메타버스 가상현실이 이들의 소통을 강화해줄 것으로 기대된다. 설문 참여자의 약 80퍼센트가 현재 수준의 화상회의로는 동료들과 원활하게 협업하는 데 어려움이 있다고 응답하였다. 특히 몰입감 immersion 과 참여도 engagement 에 개선이 필요하며, 이동 중에도 쉽게 회의에 참여할 수 있도록 보완이 필요하다고 말했다. 메타버스는 이러한 기존 화상회의의 한계를 어느 정도 보완해줄 수 있으며, 일하는 공간과 방식에 따라 다양한 형태로 진화하리라 예측된다.

또한 조사 결과에 따르면, 2023년은 메타버스의 개념을 단순히 검증하는 단계를 넘어 업무 성과를 극대화할 수 있는 다양한 XR 기술이 구체적으로 활용되는 한 해가 될 것으로 보인다. 최근 몇 년간 기술 진보로 메타버스가 일의 효율성과 생산성을 향상시키고, 커뮤니티의 소속감을 강화할 수 있음이 드러났다. 또한 직원들의 워라벨을 보장해주며 근무 만족도를 높일 뿐 아니라, 전 세계 도처에 있는 우수한 인재를 영입하는 데 도움이 된다는 인식이 확산되었다. 따라서 더 많은 기업이 2023년에는 기술 투자 예산의 상당 부분을 AR, VR 도입에 사용할 예정이라고 한다.

현실세계와 차별화된 가치를 제공하는 가상세계라면

한편으로 이러한 메타버스를 향한 큰 기대와 함께 도태될지도 모른다는 불안감도 증가하고 있다. 약 64퍼센트의 설문 참여자가 자신의 기업이 경쟁사보다 메타버스 준비에 뒤처져 있다고 생각했다. 최근 우리나라에서도 이러한 조급함과 두려움으로 민간 기업뿐 아니라 공공기관들이 묻지마 투자에 나섰고, 기대한 만큼의 가시화된 결과를 얻지 못하면 '메타버스 무용론'으로 빠져들었다.

"현실세계에서 사람들이 좋아하지 않는 대상은 가상세계에서도 관심을 받지 못한다"라는 어느 유튜버의 말은 메타버스면 뭐든 가능하다는 이른바 '메타버스 만능주의'에 빠진 사람들에게 경각심을 불러온다. 만약 우리가 좋아하는 브랜드가 가상스토어를 오픈하거나, 좋아하는 가수가 가상무대에서 콘서트를 연다면, 익숙하지 않은 메타버스 플랫폼에 가입해서라도 가상공간을 방문하려 할 것이다. 반대로 내가 좋아하지 않는 누군가가 가상세계에 새로운 공간을 만든다고 한들 큰 관심을 가지지는 않을 것이다.

유튜버의 이런 주장은 분명 일리가 있지만, 100퍼센트 동의하지는 않는다. 현실세계에서 큰 관심을 받지 못한 대상일지라도 메타버스에서 현실세계와 다른 차별적 가치를 제공한다면(기존에 싫어하지 않고 적어도 중립적 태도를 가진 경우), 새로운 관심과 호감을 유도하는 데 분명 도움이 될 것이다. 이는 우리가 메타버스 투자를 결정할 때 고려해야 할 중요한 두 가지 기준을 말해준다. 첫째, 현재 고객이 우리 브랜드를 좋아하는가? 적어도 싫어하지 않고 중립적 태도를 가졌는가? 둘째, 우리 메타버스가 현실세계에서 제공하지 못하는 추가 가치를 제공하는가?[67] 두 조건이 충족된다면 성공을 장담하기는 어려워도, 메타버스 투자는 충분히 시도할 만한 가치가 있다.

한편 메타버스 가상공간이 제공하는 매력적 가치 때문에 인간의 삶이 장기적으로는 더 부정적으로 바뀔 수 있다는 우려도 있다. 예를 들어, 게임에 빠진 오타쿠처럼 야외 활동 없이 실내에서 최소한의 신체 활동만을 하며 오랜 기간 지내다 보면 건강에 해가 될 수 있다. 이는 전자기기에서 눈을 떼지 못하는 아이를 바라보는 부모의 마음을 생각하면 충분히 이해가 가지만, 메타버스의 순기능을 생각하면 지나친 우려인 듯싶다.

VR 기기가 건강에 미치는 영향은 '어떻게 사용하는지'에 따라 다를 수 있다. 예를 들어, 장마철 궂은 날씨로 운동을 할 수 없을 때 VR 기기를 이용하면 실내에서도 다양한 스포츠 활동을 할 수 있다. 또한 운동을 배우고 싶지만 퇴근 시간이 늦어 체육관에 갈 수 없는 직장인에게도 가상현실은 좋은 대안이 될 것이다. 홀로그램 트레이너가 운동 방법을 설명해준다면 만족도는 더 높아질 것이다.

가상공간은 신체 건강과 밀접한 관계가 있는 정신 건강에도 긍정적 영향을 미칠 수 있다. 예를 들어 외로움을 겪는 1인 가구 노인들(특히 거동이 불편한 경우)은 가상현실에서 여러 사람을 만나 소통하고 사회적 관계를 맺음으로써 고립감에서 벗어나 우울증과 같은 여러 정신 장애를 극복하는 데 도움을 받을 수 있다. 그럼에도 여전히 VR 기기가 눈에 해롭지 않을까 하는 걱정이 든다. 그런데 이를 역발상으로 활용하는 VR 기반 디지털 헬스케어 전문 기업이 늘고 있다.* 가상체험을 위해 HMD를 착용하는 동안 10여 가지 눈 건강 상태(시력, 난시, 녹내장, 황반변성 등)를 점검하고, 그 결과를 데이터로 만들어 안구 관련 질병을 예방하는 데 기여하는 기술이 개발되고 있다. 너무 자주 착용하지 않는다면 VR 기기가 오히려 눈 건강에 도움이 될 수도 있다는 얘기다.

더 나은 메타버스를 상상하며

이처럼 메타버스 가상공간에 대한 우려가 적지 않음에도 가상세계는 결국 시간이 문제지 우리가 맞이할 미래인 것은 분명해 보인다. 심리학 관점으로 메타버스 가상공간을 논의한 이 책은 다가올 미래를 좀 더 객관적으로 바라보고, 과학적으로 준비하려는 노력의 일환이다. 다만 이 책의 내용을 활용할 때에는 다음과 같은 두 가지 유의사항이 있다.

첫째, 비록 설명의 편의를 위해 여러 감각 정보의 효과를 떼내어 하나씩 설명했지만, 인간은 단일 감각 정보보다는 여러 감각이 결합된 다중 감각 정보에 노출되고 이를 통합된 관점에서 인식crossmodal perception 한다. 예를 들어 같은 음식이라도 기내에서 먹을 때와 식당에서 먹을 때 맛이 다르다. 기내의 소음이 85데시벨

---

* 예를 들면, 2020년 10월 디지털 헬스케어 스타트업인 엠투에스M2S는 VR 기기로 눈 건강을 진단할 수 있는 아이닥터프로EyeDr.Pro라는 제품을 출시하였다. 이 제품의 목표는 안과 분야의 인바디가 되는 것이다. 출처: 〈엠투에스, VR 기반 눈 건강 관리 제품 '아이닥터프로' 출시〉, 정현정 기자(2020.10.22.), 전자신문.

정도인데 이는 단맛을 인지하는 감각을 억제하기 때문이다.[68] 이는 미각 반응을 청각 정보와 함께 고려해야 함을 의미한다. 따라서 가상공간에서 인간이 어떻게 행동하는지를 보다 정교하게 예측하려면 이와 같은 여러 감각 정보의 조합에 따른 인간 반응을 분석할 필요가 있다.

둘째, 다양한 감각 정보가 인간의 행동에 미치는 효과는 대부분 무의식적으로 발생할 가능성이 높으므로, 소비자를 기만하는 데 결코 사용되어서는 안 된다. 마케팅의 본질은 지속가능한 거래가 가능한 관계의 구축이다. 일시적으로 소비자를 속여서 판매한 경우 당장의 매출은 올릴 수 있어도, 장기적으로는 브랜드 가치를 갉아먹고 결국 아무도 찾지 않는 브랜드가 될 것이다. 따라서 가상현실에서도 다양한 감각 정보를 반드시 소비자에게 더 나은 가치를 제공하기 위한 수단으로 활용해야 한다.

마지막으로 이 책은 기술이 아닌 사람의 관점으로 메타버스를 새롭게 바라보는 눈을 제공해줄 수 있는 다양한 연구를 소개했다. 하지만 앞서 프롤로그에서처럼 돌탑을 쌓아가는 과정에 비유하자면 가상세계 연구는 이제 겨우 바닥을 까는 정도에 불과하다. 부디 독자들이 책을 읽고 언제 탑을 쌓아 올릴 수 있을까 답답함을 느끼기보다 이제 탑을 쌓아갈 수 있는 바닥이 다져졌다는 설렘을 가질 수 있기를 바라본다. 퍼즐 맞추기를 할 때도 어디서부터 어떻게 시작해야 할지 전혀 알 수 없는 시작점에서는 어려움을 느끼기 마련이지만, 점차 윤곽이 드러나기 시작하면 의외로 쉽지 않던가. 메타버스 가상세계라는 고래 퍼즐도 마찬가지이다. 앞으로 수년간 함께 퍼즐을 맞춰갈 사람이 더 많아지기를 기대해본다.

미주

1　AR, VR, MR을 심폐소생 교육에 각각 적용한 그림을 볼 수 있는 웹사이트는 다음과 같다. https://www.spheregen.com/augmented-virtual-and-mixed-reality-employee-training/

2　Hudson et al. (2019). "With or without you? Interaction and immersion in a virtual reality experience", *Journal of Business Research, 100*, pp.459-468.

3　[더 플레이스] 〈'공간의 비밀'을 연구하다! 신경건축학〉 (http://blog.hwenc.co.kr/68)

4　Myers-Levy, J. & Zhu, R. (2007). "The influence of ceiling height: the effect of priming on the type of processing that people use," *Journal of Consumer Research, 34*, pp.174-186.

5　〈핀에어 '산타마을 VR여행', 수익금 전액 유니세프에 기탁〉, 함영훈 기자 (2020.12.11.), 해럴드경제.

6　Cha, S. H., Koo, C., Kim, T. W., & Hong, T. (2019). "Spatial perception of ceiling height and type variation in immersive virtual environments", *Building and Environment, 163*, pp.1-10.

7　Vartanian, O. et al. (2015). "Architectural design and the brain: effects of ceiling height and perceived enclosure on beauty judgments and approach-avoidance decisions", *Journal of Environmental Psychology, 41*, pp.10-18.

8　Zhu, R. and Argo, J. (2013). "Exploring the impact of various shaped seating arrangements on persuasion", *Journal of Consumer Research, 40*, pp.336-349.

9　황지영·이선영 (2021). 〈교실에서의 자리 배치와 자리 위치 선호도, 창의적 사고 간의 관계 탐색〉, 《창의력교육연구》, *21*, pp.77-92.

10 Housman, M., & Minor, D. (2016). "Organizational design and space: the good, the bad, and the productive", *Harvard Business School Working Paper*, pp.16-147.

11 Krasonikolakis et al. (2018). "Store layout effects on consumer behavior in 3D online stores", *European Journal of Marketing, 52*, pp.309-566.

12 Lunardo, R., & Roux, D. (2015). "In-store arousal and consumers' inferences of manipulative intent in the store environment", *European Journal of Marketing, 49*, pp.646-667.

13 Schnack, A., Wright, M., & Holdershaw, J. (2019). "An exploratory investigation of shopper behaviour in an immersive virtual reality store", *Journal of Consumer Behavior, 21*, pp.182-195.

14 [CES 2023], 〈빗방울, 불길까지 느낀다… '진짜'가 된 가상세계〉, 허문찬 기자 (2023.1.6.), 한국경제.

15 Martinez-Navarro et al. (2019). "The influence of virtual reality in e-commerce", *Journal of Business Research, 100*, pp.475-482.

16 Lombart, C et al. (2020). "Effects of physical, non-immersive virtual, and immersive virtual store environments on consumers", *perceptions and purchase behavior, 110*, pp.1-13.

17 Kerrebroeck, H., Brengman, M. & Willems, K. (2017). "Escaping the crowd: an experimental study on the impact of a virtual reality experience in a shopping mall", *Computers in Human Behavior, 77*, pp.437-450.

18 Knoeferle, K. M., Paus, V. C., & Vossen, A. (2017). "An upbeat crowd: Fast in-store music alleviates negative effects of high social density on customers' spending", *Journal of Retailing, 93*(4), pp.541-549.

19 Bellezza, S. and Keinan, A. (2014). "Brand Tourists: How non-core users enhance the brand image by eliciting pride", *Journal of Consumer Research, 14*, pp.397-417.

20 〈이런걸 대체 왜 살까?" 진짜보다 비싼 구찌백 465만 원에 팔렸다〉, 유동현 기자 (2021.6.18.), 헤럴드경제.

21 참고 문헌: 정희선, 《도쿄 리테일 트렌드, 공감 속에 숨겨진 10가지 인사이트》, 원앤원북스, 2022, p.81.

22 Schubert, T. (2005). "Your highness: vertical positions as perceptual symbols of power", *Attitudes and Social Cognition, 89*, 1-21.

23 Niedeggen, M. et al. (2017). "Being low prepares for being neglected: verticality affects expectancy of social participation", *Psychon Bull Rev, 24*, pp.574-581.

24 Kim, J. H., Ahn, S., & Lee, E. (2021). "Effect of Power Message on Employee Response and Job Recruitment in the Hospitality Industry", *Journal of Hospitality & Tourism Research, 10963480211010992*.

25 민동원 (2013). 〈모니터 각도가 정보 처리에 미치는 영향: 체화된 인지와 심리적 파워의 관점에서〉, 《상품학연구》, *31*(5), pp.61-72.

26 Brown, G. and Baer, M. (2011). "Location in negotiation: is there a home field advantage?", *Organizational Behavior and Human Decision Processes, 114*, pp.190-200.

27 Ding, D., Brinkman, W. P., & Neerincx, M. A. (2020). "Simulated thoughts in virtual reality for negotiation training enhance self-efficacy and knowledge", *International Journal of Human-Computer Studies, 139*, 102400

28 Hershfield, H. et al. (2011). Increasing saving behavior through age-progressed renderings of the future self, *Journal of Marketing Research, 48*, S23-S37.

29 Yoo, S., Pena, J., & Drumwright, M. (2015). "Virtual shopping and unconscious persuasion: the priming effects of avatar age and consumers' age discrimination on purchasing and prosocial behaviors", *Computers in Human Behavior, 48*, pp. 62-71.

30 〈"40대로 나이 낮춰달라" 소송 건 69세 남성…法 "기각"〉, 김지혜 기자 (2018.12.4.), 중앙일보.

31 마케터들이 반드시 알아야 할 시니어들의 욕망을 정리한 다음의 책을 추천한다. 정지원, 유지은, 염선형, 《뉴그레이: 마케터를 위한 시니어 탐구 리포트》, 미래의 창,

2022

32 Bailenson, J. N., & Yee, N. (2005). "Digital chameleons: Automatic assimilation of nonverbal gestures in immersive virtual environments", *Psychological science, 16*(10), pp.814-819.

33 Holzwarth, M, Janiszewski, C., & Neumann, M. (2006). "The influence of avatars on online consumer shopping behavior", *Journal of Marketing, 70*, pp.19-36.

34 〈방송사 아나운서가 왜 AI 아나운서를 만들까?〉, 티타임즈TV(2022. 11. 27.). 출처 영상: https://www.youtube.com/watch?v=Gs85CIWB3o8&list=RD센티미터UCeIFN6fJ6OY6v8pbc_SLiXA&index=2

35 Peck, J. and Shu, S. (2009). "The effect of mere touch on perceived ownership", *Journal of Consumer Research, 36*, pp.434-447

36 Luangrath, A., Peck, J., Hedgcock, W., & Yixiang Xu (2020). "Virtual Touch Facilitates Psychological Ownership of Products in Virtual Reality", *NA-Advances in Consumer Research Volume 48*, eds. Jennifer Argo, Tina M. Lowrey, and Hope Jensen Schau, Duluth, *MN: Association for Consumer Research*, pp.868-873.

37 〈조끼 입었더니 온몸 들썩…촉감형 메타버스 느껴봐요〉, 김정유 기자(2022.6.3.), 이데일리.

38 〈'메타버스'… 그 안에서 눈썹 그려봤어? 차도 시승해 봤고?〉, 이정훈, 안태호 기자(2023.01.18.), 한겨레신문.

39 〈빗방울, 불길까지 느낀다…'진짜'가 된 가상세계〉 [CES 2023], 허문찬 기자(2023.1.6.), 한국경제.

40 Seinfeld, S., Schmidt, I., & Muller, J. (2022). "Evoking realistic affective touch experiences in virtual reality", *arXiv preprint arXiv:2202.13389*.

41 Zhao, Y., Ham, J., & Vlist, J. V. D. (2017), "Persuasive virtual touch: The effect of artificial social touch on shopping behavior in virtual reality", *International workshop on symbiotic interaction*, pp. 98-109. Springer, Cham.

42 〈英 여성, 마크 저커버그의 메타버스 속 집단 성범죄 피해 사실 밝혀…가상세계

범죄 규제 촉구〉, 이선영 기자(2022. 2. 3), CNN.

43 Sykownik, P., & Masuch, M. (2020, November). "The experience of social touch in multi-user virtual reality". *26th Acm symposium on virtual reality software and technology*, pp.1-11.

44 2022년 8월 31일 국회에서 '메타버스 내 성범죄 실태와 대책 토론회'가 개최되었다. 관련 내용은 다음의 기사를 참조하기 바란다. 출처: 〈아바타 뒤에 사람 있는데…' 가상세계에서 벌어진 성범죄 처벌 어떻게?〉, 윤유경 기자(2022. 9. 1.), 미디어오늘.

45 Hudson, S., Matson-Barkat, S., Pallamin, N., & Jegou, G. (2019). "With or without you? Interaction and immersion in a virtual reality experience", *Journal of Business Research, 100*, pp.459-468.

46 Griskevicius, V., Goldstein, N. J., Mortensen, C. R., Sundie, J. M., Cialdini, R. B., & Kenrick, D. T. (2009). "Fear and loving in Las Vegas: Evolution, emotion, and persuasion", *Journal of Marketing Research, 46*(3), pp.384-395.

47 Lee, S. H. M., Rotman, J. D., & Perkins, A. W. (2014). "Embodied cognition and social consumption: Self-regulating temperature through social products and behaviors", *Journal of Consumer Psychology, 24*(2), pp.234-240.

48 Huang, X. I., Zhang, M., Hui, M. K., & Wyer Jr, R. S. (2014). "Warmth and conformity: The effects of ambient temperature on product preferences and financial decisions", *Journal of consumer psychology, 24*(2), pp.241-250.

49 Zwebner, Y., Lee, L., & Goldenberg, J. (2014). "The temperature premium: Warm temperatures increase product valuation", *Journal of Consumer Psychology, 24*(2), pp.251-259.

50 마케팅과 심리학 분야의 온도 효과에 대한 연구는 매우 다양하다. 이는 다음의 추천 논문에 잘 정리되어 있다. 또한 온도 효과를 이번 주제에서 모두 다루기에는 지나치게 방대하여 다른 주제에서 부분적으로 언급하였다. 추천 논문: 장서연, 민동원 (2022). 〈따뜻함에 다가가기: 감각적 따뜻함과 사회적 따뜻함을 중심으로〉. 《*Korean Management Review*》, *51*, pp.1433-1480.

51 Huebner, G. M., Shipworth, D. T., Gauthier, S., Witzel, C., Raynham, P.,

& Chan, W. J. E. R. (2016). "Saving energy with light? Experimental studies assessing the impact of colour temperature on thermal comfort", *Energy Research & Social Science, 15*, pp.45-57.

52 Niculescu, A., van Dijk, B., Nijholt, A., Li, H., & See, S. L. (2013). "Making social robots more attractive: the effects of voice pitch, humor and empathy", *International journal of social robotics, 5*(2), pp.171-191.

53 Jisang Han, J., & Lowe, M. (2020). "Sounding Warm: the Role of Audio Pitch on Service Perception", *Advances in Consumer Research, vol XLVIII*, pp. 907-908.

54 Erkan, İ. (2021). "Cognitive response and how it is affected by changes in temperature", *Building Research & Information, 49*(4), pp.399-416.

55 이하 내용은 다음의 논문을 참조하여 작성하였다. Kim, J., Spence, M. T., & Marshall, R. (2018). "The color of choice: The influence of presenting product information in color on the compromise effect", *Journal of Retailing, 94*(2), pp.167-185.

56 Sunaga, T., Park, J., & Spence, C. (2016). "Effects of lightness-location congruency on consumers' purchase decision-making", *Psychology & Marketing, 33*(11), pp.934-950.

57 Cai, Fengyan, Hao Shen, and Michael K. Hui. (2012) "The effect of location on Price estimation: understanding number-location and number-order associations", *Journal of Marketing Research 49*(5), pp. 718-724.

58 Mandel, N., & Johnson, E. J. (2002). "When web pages influence choice: Effects of visual primes on experts and novices", *Journal of consumer research, 29*(2), pp.235-245.

59 음악과 꽃 구매 간 관계에 관한 내용 출처: Jacob, C., Gueguen, N., Boulbry, G., & Sami, S. (2009). "'Love is in the air': congruence between background music and goods in a florist", *The international review of retail, distribution and consumer research, 19*(1), pp.75-79.

60 음악과 와인 구매 간 관계에 관한 내용 출처: North, A. C., Hargreaves, D. J., &

McKendrick, J. (1999). "The influence of in-store music on wine selections", *Journal of Applied psychology, 84*(2), p.271.

61 Mehta, R., & Zhu, R. (2009). "Blue or red? Exploring the effect of color on cognitive task performances", *Science, 323*(5918), pp.1226-1229.

62 Fanger, P. O., Breum, N. O., & Jerking, E. (1977). "Can colour and noise influence man's thermal comfort?", *Ergonomics, 20*(1), pp.11-18.

63 Winzen, J., Albers, F., & Marggraf-Micheel, C. (2014). "The influence of coloured light in the aircraft cabin on passenger thermal comfort", *Lighting Research & Technology, 46*(4), pp.465-475.

64 Wang, H., Liu, G., Hu, S., & Liu, C. (2018). "Experimental investigation about thermal effect of colour on thermal sensation and comfort", *Energy and Buildings, 173*, pp.710-718.

65 Hagtvedt, H. (2020). "Dark is durable, light is user-friendly: The impact of color lightness on two product attribute judgments", *Psychology & Marketing, 37*(7), pp.864-875.

66 How VR and the metaverse will change the workplace in 2023: Four bold predictions for the year to come, Tech at meta, Ideas (2022.12.12.) 출처: https://tech.facebook.com/ideas/2022/12/metaverse-change-workplace-2023/

67 가치 분석은 가치함수(value=benefit/cost)를 활용하면 효과적이다. 필자의 또 다른 저서 《마케팅 브레인》(갈매나무, 2021)을 참조하기 바란다.

68 Yan, K. S., & Dando, R. (2015). A crossmodal role for audition in taste perception. *Journal of Experimental Psychology: Human Perception and Performance, 41*(3), pp. 590.

Special Thanks to

가상공간 연구에 도움을 주신 단국대 민동원 교수님, LG인화원의 김경수 책임님, 비따비의 송용우 대표님, 지현욱 이사님, 그리고 LG MSG 3기 "가상현실에 대한 심리적 접근" 모이머분들(특히 최세화 님, 유안나 님, 김남영 님, 박지효 님)께 고마움을 전합니다.

브랜드 심리학자, 메타버스를 생각하다

초판 1쇄 발행   2023년 4월 26일

지은이 • 김지헌

펴낸이 • 박선경
기획/편집 • 이유나, 강민형, 지혜빈, 김선우
마케팅 • 박언경, 황예린
표지 디자인 • studio forb
일러스트 • 신혜진
제작 • 디자인원(031-941-0991)

펴낸곳 • 도서출판 갈매나무
출판등록 • 2006년 7월 27일 제395-2006-000092호
주소 • 경기도 고양시 일산동구 호수로 358-39 (백석동, 동문타워 I) 808호
전화 • 031)967-5596
팩스 • 031)967-5597
블로그 • blog.naver.com/kevinmanse
이메일 • kevinmanse@naver.com
페이스북 • www.facebook.com/galmaenamu
인스타그램 • www.instagram.com/galmaenamu.pub

ISBN 979-11-91842-47-0/03320
값 18,000원